044 402-6

Die Welt der Eisenbahn

BENSON & HEDGES
ICE
DB

Ulrich Schefold

Die Welt der Eisenbahn

Mit über 200
meist farbigen Abbildungen

Südwest Verlag München

Inhalt

Zu den Abbildungen des Einbandes und der ersten Seiten:

Einbandvorderseite: Personenzuglok, 1915 als preußische P8 gebaut, war bis 1975 bei der DB im Einsatz und legte insgesamt mehr als 3,7 Millionen km zurück. Dank privater Spende wieder betriebsfähig aufgearbeitet, ist sie seit 1983 als Museumslok im Einsatz.

Das erste Bild (vorderes Vorsatz): Führerstand einer alten englischen Dampflok. Durch die Fenster beobachtete der Lokführer die Strecke mit ihren Signalen. – Das moderne Gegenstück ist auf dem hinteren Vorsatz am Schluß des Buches zu sehen.

Das zweite Bild: Güterzug mit einer Dampflokomotive der Baureihe 050 und einer Lokomotive der Baureihe 044 als »Vorspann«. Die Signale für die Gegenrichtung stehen an der eingleisigen Strecke natürlich auf Halt.

Das dritte Bild: Triebwagenzug der Baureihe 410/810 ICE = InterCity Experimental. Als ICE = InterCity Expreß kommen solche Triebkopfzüge auf den neuen Hochgeschwindigkeitsstrecken zum Einsatz.

Links: Ein Schnellzug passiert den Bahnhof Eller im Moseltal. Auf der Strecke Koblenz–Trier hat er den 4,2 km langen Cochemer-Tunnel durchfahren. Die Lok, eine Diesellok der Baureihe 216 für den allgemeinen Streckendienst, wurde ab 1961 gebaut. Die Aufnahme stammt von 1971.

Gesamtherstellung: Paderborner Druck Centrum
Einbandgestaltung: Manfred Metzger, München
(Foto Vorderseite: Georg Wagner, Hünxe · Rückseite: DB)
ISBN 3-517-01158-4

Überarbeitete Neuausgabe von
»Mein erstes Buch der Eisenbahn« (1980)

Die Gestaltung des Buches besorgte der Autor
Beratende Mitarbeit: Dr.Ing. Hans-Peter Friedrich, München

Die Güterzuglokomotive der Baureihe 50 wurde 1938 gebaut. Die 50 2945 erhielt 1968 die computergerechte Nummer 052 945-3. Rechts sieht man, daß gerade die Umstellung der Strecke von Formsignalen auf Lichtsignale (siehe auch Seite 53) bevorsteht. Die Zahlen auf dem Kilometerstein dienen dem Lokführer zur Orientierung.

Die Brücke

Da war einmal ein kleiner Bub, so fünf oder sechs Jahre alt mag er gewesen sein. Der ging oft mit seinem Vater spazieren. Es wäre geschwindelt, wenn man sagen wollte, das habe der Bub immer gern gemacht. Manchmal war es schon recht lästig, womöglich mitten aus dem schönsten Spiel geholt zu werden. Wenn allerdings – meistens am Sonntagvormittag – das Stichwort »Bahnhof« fiel, so war der kleine Bursche sofort voll dabei.

Sehr groß war er nicht, dieser Bahnhof. An einem Ende wurden seine Gleise von einer Brücke überspannt. Sie sah etwa so aus wie die auf dem Bild nebenan. Das wichtigste daran war das durchbrochene Geländer, durch das man prima auf die Gleise sehen konnte.

Meistens dauerte es gar nicht lange, bis ein Zug daherkam – voran die mächtig stampfende Lokomotive, die gewaltige Wolken ausspie. Und wenn sie dann unter der Brücke durchfuhr, hüllten einen Rauch und Dampf völlig ein, so daß man keine drei Schritte weit sehen konnte. Und dieser Geruch nach Dampf, Waschküche, heißem Öl, Rauch und Kohle – herrlich!

Immer blieben die beiden eine ganze Weile auf der Brücke. Das heißt, der Sohn war einfach nicht zu bewegen weiterzugehen. Selbst wenn in kurzer Folge zwei oder drei oder noch mehr Züge unter der Brücke durchgefahren waren, hatte er noch nicht genug.

Das war nämlich so: Der Bub hatte zu Hause eine Spielzeugeisenbahn. Keine tolle Anlage, aber immerhin ein großes Oval mit einem Ausweichgleis. Auf diesem Oval zog eine Lokomotive mit ihren Wägelchen die Runden – und der Zug kam immer wieder.

An dem Gleis stand ein Bahnhofsgebäude, und über die Gleise führte eine Brücke, von der sich der Bub einbildete, sie sähe ganz gleich aus wie die am richtigen Bahnhof. Wenn der Bub nun auf der richtigen Brücke am richtigen Bahnhof stand und »Züge abfahren« ließ, so stellte er sich vor, daß die großen Züge, die dort unten vorbeidampften, doch bestimmt irgendwann einmal wiederkommen müßten. Er war fest davon überzeugt, daß die großen Züge wie der kleine Zug seiner Spielzeugeisenbahn eben um ein entsprechend großes Oval dampften. Logisch, daß sie bald wieder unter der Brücke durchkommen mußten! Und warum sollte man sich diesen nochmaligen Genuß entgehen lassen?

Modellbahnanlage
im Nürnberger Verkehrsmuseum:
500 Meter Gleis auf 80 Quadratmetern.

Erwachsene sind ja manchmal schwer von Begriff, und so hatte der gute Vater manchen Kampf zu bestehen, denn schließlich wollte er ja weitergehen und auch wieder einmal nach Hause; immerhin wartete der Sonntagsbraten. Es hat ziemlich lange gebraucht, bis der Vater die Gedanken seines Sohnes durchschaute. Noch länger allerdings hat es gedauert, bis der kleine Bub sich endlich hatte überzeugen lassen, daß die großen Züge nicht immer nur im Kreis herumfuhren und nicht immer bald wieder unter der Brücke hindurchkamen. Doch er mußte es schließlich glauben, daß sie weiterfuhren, immer weiter, an vielen Bahnhöfen vorbei und unter vielen Brücken hindurch bis zu einer weit entfernten Endstation. Und daß es meist viele Stunden oder gar Tage dauerte, bis der gleiche Zug wieder unter der gleichen Brücke hindurchdampfte...

So verging ein Jahr mit Weihnachten und Geburtstag, und noch eines. Und jedes Jahr bekam der Bub zum Geburtstag und zu Weihnachten neue Gleise, Weichen, Wagen, Lokomotiven. Es kamen Signale hinzu

und Stellwerke, Tunnels und Brücken, Lampen und Prellböcke. Und so wuchs die Bahn und wurde immer größer. Im Lauf der Zeit war aus dem kleinen Oval mit dem Ausweichgleis eine große Anlage geworden, bei der Züge in Tunnels verschwanden und nach einiger Zeit irgendwo ganz anders wieder auftauchten. Man konnte wirklich beinahe glauben, daß die kleine Bahn nicht mehr im Kreis fuhr. Es war fast wie bei der richtigen Eisenbahn. Die Züge schienen immer weiterzufahren, von einem Bahnhof zum andern, und unter vielen Brücken hindurch.

Diese Anlage sollte immer naturgetreuer aussehen und vor allem wie die richtige Eisenbahn funktionieren. Deshalb benutzte der Bub, der inzwischen ein großer Junge geworden war, jede Gelegenheit, bei der großen Eisenbahn zu »spicken«. Seinen ganzen Stolz setzte er darein, daß alles ganz echt war und mit dem großen Vorbild übereinstimmte.

Er sah sich dabei alles sehr genau an. Wenn ihm etwas nicht klar war und er den Zweck nicht erkennen konnte, so ließ er nicht locker, bis er es herausgefunden hatte. Längst war er mit den Eisenbahnern des kleinen »großen« Bahnhofs befreundet. Dadurch wurde ihm das Herausfinden meist gar nicht schwer. Er fragte einfach. Oder er ging in die Bücherei zum Schmökern. So hat er mit Hilfe seiner kleinen Modellbahn das ganze Drum und Dran der großen Bahn kennengelernt, und die Eisenbahnbrücke – sie ist eine richtige Brücke zum Verständnis der Eisenbahn geworden. Und nun wollen wir versuchen, das gleiche zu tun: die Eisenbahn kennenlernen.

Aus dem verlockenden Angebot einer Modellbahnfirma.

53
6

Am Anfang: Dampf

Wenn man Wasser kocht, entwickelt sich Dampf. Ein Liter Wasser, auf 100 Grad erhitzt, erzeugt 1675 Liter Dampf. Dieser Dampf ist nicht sichtbar. Man spricht zwar von »Dampfwolken«, aber das ist bereits wieder Wasser, abgekühltes, fein verteiltes Wasser.

Im Druck des Dampfes steckt eine gewaltige Kraft. Nachdem man dies erkannt hatte, konnte es nur noch eine Frage der Zeit sein, bis man anfing, diesen Druck nutzbar zu machen.

Die ersten Dampfmaschinen waren allerdings sehr schwerfällige und langsame Apparate, die zudem Unmengen von Brennmaterial verschlangen. Zwei- oder dreimal in der Minute – fast wie in Zeitlupe – hoben und senkten sich die Kolben. Das verlangte viel Geduld. Dennoch lernte man schnell, solche Maschinen auch zu benutzen. Pumpen wurden damit bewegt, die aus den Bergwerken das Wasser herausholten, das sich in den Schächten sammelt. So erleichterten sich die Menschen wenigstens hier soweit es ging ihre schwere Arbeit. Bis dahin waren die einzigen Hilfskräfte Wasser und Wind gewesen, die Mühlräder betrieben. Sonst hatte es nur die Muskeln von Mensch und Tier gegeben.

Dann gelang dem Engländer James Watt eine entscheidende Verbesserung: Er baute eine tatsächlich brauchbare Dampfmaschine, die um vieles schneller und leistungsfähiger war als alles bisherige.

Das war vor reichlich 200 Jahren.

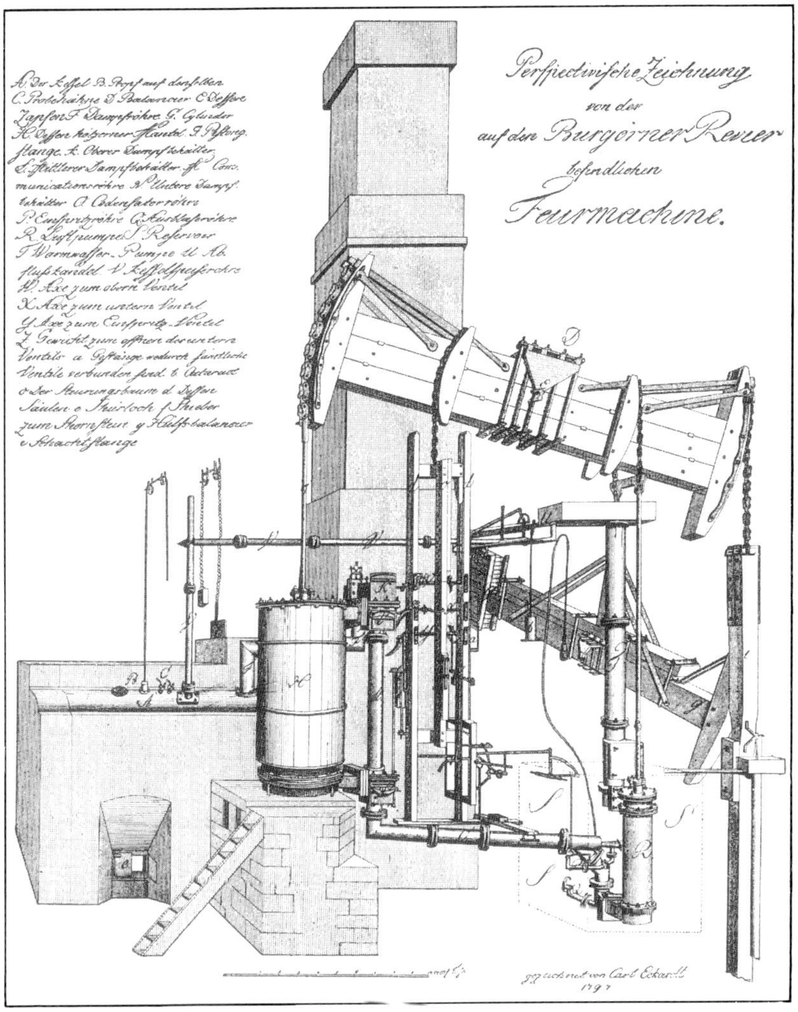

Die erste 1785 in Deutschland gebaute Dampfmaschine für den König-Friedrich-Schacht im Mansfelder Revier am Ostrand des Harzes.

Dampfkutschen

Nun ging es weiter, wie es mußte – die Menschen sind ja erfinderisch. Eines Tages, ebenfalls vor mehr als 200 Jahren, hatte ein französischer Artillerieoffizier und Techniker die Idee, durch eine aufmontierte Dampfmaschine einen Wagen antreiben zu lassen. Anstelle von Pferden sollten solche Wagen schwere Kanonen ziehen. Wenn man das Bild auf der folgenden Seite ansieht, muß man sich wirklich wundern, wie dieses Ungetüm fahren konnte. Aber es fuhr tatsächlich, mit einer Geschwindigkeit von 5 Kilometern in der Stunde. Allerdings hielt das Fahrzeug des Franzosen keine Stunde durch. Nach 15 Minuten etwa war das Wasser für den Dampf verbraucht. Man mußte nachfüllen und auch nachfeuern. Das dauerte wieder runde 15 Minuten.

Der Fahrer leistete beim Steuern des Vorderrads Schwerarbeit. Denn an diesem Vorderrad war ja, wie man sieht, auch noch die Maschine befestigt samt ihrem riesigen Dampfkessel. Und das alles strahlte natürlich eine gewaltige Hitze aus. Der Erfinder – Cugnot – hatte nicht viel Glück mit seinem Fahrzeug.

Linke Seite: Noch einmal die schwere Güterzuglok der Baureihe 044 aus der Nähe. Auf der Moselstrecke erwartet der Lokführer das Abfahrtsignal. Aufnahme von etwa 1970.

Das erste Fahrzeug der Welt, das sich aus eigener Kraft fortbewegte: Das Dampf-Dreirad des französischen Artillerie-Ingenieurs Nicolas Joseph Cugnot aus dem Jahr 1764.

Schließlich rammte er sogar eine dicke Mauer, was dieser ebensowenig bekam wie dem Fahrzeug. Aber immerhin, sein dreirädriges Dampffahrzeug war das erste »Automobil«, was soviel heißt wie: »Das, was sich selbst bewegt.« Spott für den Schaden wäre also völlig fehl am Platz!

Dreißig Jahre später machte ein Engländer von sich reden, Richard Trevithick. Wir werden im Zusammenhang mit der Eisenbahn überhaupt noch viel von Engländern zu hören bekommen. (Kein Wunder – sie waren damals in Technik und Industrie allen anderen weit voraus, und – sie hatten viel Kohle!) Trevithick baute die erste richtige Lokomotive. Das heißt, eigentlich ersann er zunächst eine Art Dampfkutsche zum Fahren auf der Straße. Mit dieser Kutsche erreichte er auf glatter Strecke ein Tempo von 15 bis 20 km/h. Das ist immerhin mehr als das Durchschnittstempo eines Radfahrers von heute. Aber mit einer Straßenlokomotive, oder wie man das Gefährt auch immer nennen mag, hatte man es damals schwer. Denn was man als Straßen bezeichnete, waren meist nur holprige, von Fahrspuren zerwühlte und bei Regen oder Tauwetter morastige Wege. Auf diesen Straßen rechnete man bei pferdebespannten Kutschen allenfalls mit einer Reisegeschwindigkeit von 5 oder 6 km/h, im höchsten Fall mit 7 oder 8 km/h. (Ein Wanderer macht immerhin schon seine 5 km/h im Schnitt!)

Aber auf einer einigermaßen guten Straße war eine Dampfkutsche ein wahrhaft furchterregender Anblick. Das friedliche Bild auf der Seite 15 täuscht da ein bißchen! Die Menschen, vor allem die auf dem Land, hatten vor den feuerspeienden und zischenden Ungeheuern schlicht und einfach Angst.

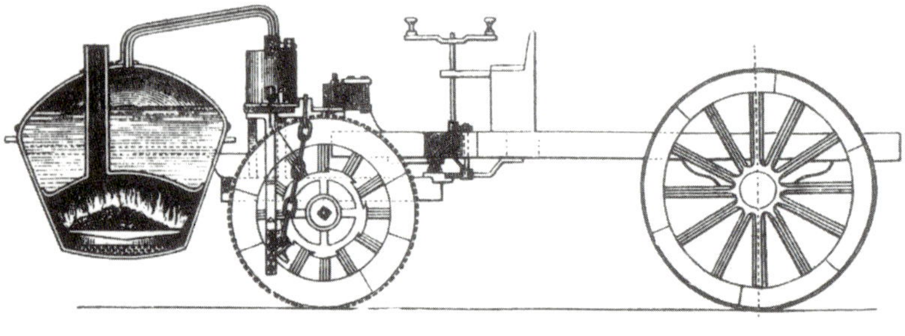

Die erste Eisenbahn

Und dann kam eines Tages einer auf die Idee, Trevithicks Feuerteufel auf Schienen zu setzen. Schienen gab es in Bergwerken und in Eisengießereien schon lange. Früher waren sie aus Holz, später wurden sie mit Bändern aus Eisenblech belegt und schließlich aus Eisen gegossen. Längst hatte man herausgefunden, daß sich ein beladener Wagen auf Schienen viel leichter bewegen läßt als auf dem meist holprigen Boden.

Und die Idee war gut. Trevithicks kleine Dampflokomotive zog funkensprühend und heftig schnaubend einen Zug, der aus fünf einfachen mit 10 Tonnen Eisen beladenen Wagen bestand. Die 70 Grubenarbeiter, die den Zug zunächst zu Fuß begleitet hatten, sprangen in ihrer Begeisterung auf die Wagen – und das brave Maschinchen zog auch diese zusätzliche Last über eine Strecke von 15 Kilometer mit 6 bis 8 km/h. Dabei gab es freilich immer wieder Aufenthalte durch schadhafte Schienen oder irgendwelche Hindernisse, die aus dem Weg geräumt werden mußten.

Die erste »richtige« Lokomotive von Richard Trevithick aus dem Jahr 1805. Ursprünglich als Straßenfahrzeug gedacht, wurde sie auf Schienen gesetzt.

Unten: Richard Trevithicks Werbeveranstaltung in London im Jahr 1808: Der erste »Personenzug« der Eisenbahngeschichte.

Eine Versuchsstrecke

Um aber denen, die immer noch zweifelten, zu beweisen, daß seine Sache gut lief, baute Trevithick in Englands Hauptstadt London eine Vorzeigestrecke, und diese Strecke führte im Kreis herum – wie eine Spielzeugeisenbahn. Gegen Eintrittsgeld durfte man sich in den Wagen setzen, der an die Lokomotive angehängt war, und einige Runden drehen. Durch einen Bretterzaun war die ganze Anlage vor den Blicken Neugieriger geschützt, die nichts zahlen wollten. Eines Tages entgleiste die Maschine und stürzte um. Es kam niemand zu Schaden, aber dennoch verbot nun die Polizei die gefährliche Spielerei. Wenn das Ganze auch tatsächlich wie ein Spielzeug aussah und es im Grunde ja auch war, ist es doch die erste Eisenbahn, die ausschließlich der Beförderung von Personen gedient hat. Die Darstellung stammt von dem berühmten Zeichner, Radierer und Karikaturisten Thomas Rowlandson.

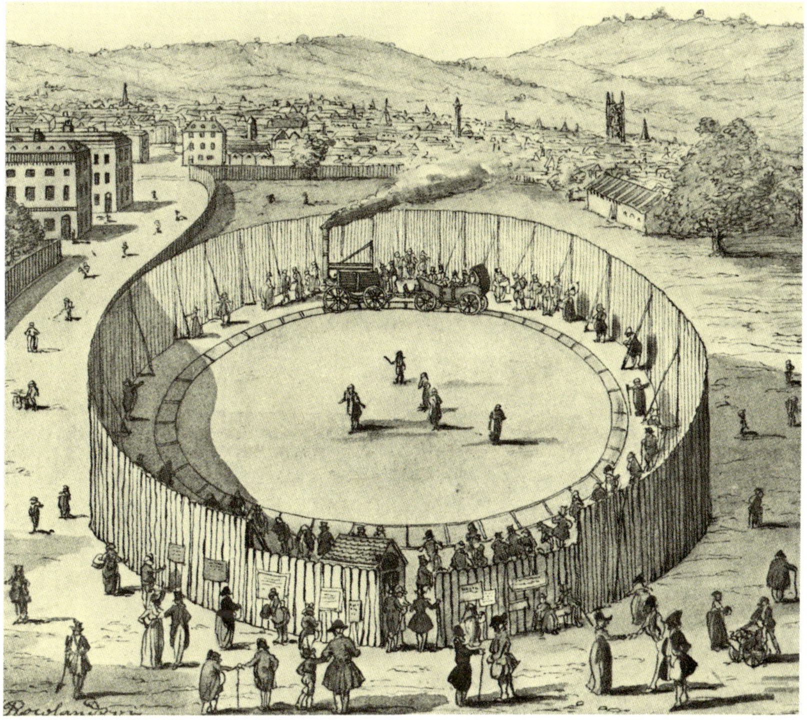

Eine der allerersten englischen Dampflokomotiven. Sie ähnelt der, die auf der Rundstrecke von London dampfte, und sie bekam den lustigen Namen »Puffing Billy«.

Erfindung zur rechten Zeit

Die Sache hatte aber einen Haken. Unter dem Gewicht von Lokomotive und beladenen Wagen zerbrachen immer wieder die spröden gußeisernen Schienen. Zudem waren diese Schienen sehr kurz, nur etwa einen Meter lang. Der Übergang von der einen Schiene zur nächsten versetzte der Lokomotive und den Wagen jedesmal harte Schläge. Das tat den ohnehin nicht sehr stabilen Fahrzeugen natürlich gar nicht gut.

So war es ein enormer Gewinn, als wenige Jahre später ein neues Verfahren zur Herstellung von Schienen gefunden wurde. Man walzte das glühende weiche Eisen zu Stücken von etwa viereinhalb Meter Länge. Diese neuen Schienen wurden zudem bald auch mit Verbindungslaschen aneinandergeschraubt. Nun waren die Stöße, die Lok und Wagen aushalten mußten, viel seltener als zuvor und außerdem durch die neuen Verbindungen lange nicht mehr so heftig. Ohne diese neue Art der Schienenherstellung hätte es die Eisenbahn schwer gehabt, sich durchzusetzen.

Straßen-Dampfwagen in England.

Es ist übrigens kein ganz seltener Zufall, daß eine gute Erfindung die andere erst richtig zur Auswirkung bringt. Etwas ganz Ähnliches wiederholte sich Jahrzehnte später, als das Auto im Kommen war. Wer kann sich heute noch ein Auto – oder auch ein Fahrrad – ohne luftgefüllte Reifen vorstellen? Das gäbe ein böses Geholper! Und genau in jener Zeit wurde der Luftreifen erfunden – wiederum eigentlich ganz zufällig – von einem Engländer namens Dunlop. Der war Tierarzt und wollte eigentlich nur das holpernde Fahrrad seines Sprößlings etwas komfortabler machen. Sein Name ist längst zum Markenzeichen geworden.

Auch die Straßen, die sich in ziemlich furchtbarem Zustand befanden, wurden in jener Zeit allmählich besser. Man fing beispielsweise an, sie mit Kiesschichten zu bedecken. Unten kamen größere Steine, darüber kleinere. Im Lauf der Zeit wurde diese obere Lage mit dem feineren Kies von den unzähligen Pferdehufen, Wagenrädern und Schuhsohlen festgetreten. Regen und Schmelzwasser ließen das Ganze zu einer ziemlich festen Masse werden, die für die damaligen Verkehrsverhältnisse ganz gut ausreichte.

Mit den besseren Straßen wurde auch die Dampfkutsche wieder interessanter. Wir sehen wieder: Das eine hängt nicht selten vom andern ab. Bessere Schienen machten die Eisenbahn möglich, bessere Straßen die Dampfkutschen. Und es ist keineswegs so, daß mit dem Aufkommen der Eisenbahn die Dampfkutsche von heute auf morgen in Vergessenheit geraten wäre. Zur Zeit der ersten Eisenbahnlinien gab es auch Dampfkutschenstrecken, auf denen beachtliche Geschwindigkeiten gefahren wurden. Trotzdem mußte die Dampfkutsche das Rennen gegen das billigere und leistungsfähigere Schienenfahrzeug verlieren. Hoffnungslos wurde ihre Lage in England, als 1834 nach einem Unglück das Gesetz erlassen wurde, daß kein sich selbst bewegendes Straßenfahrzeug schneller als 4 km/h fahren dürfe. Und außerdem müsse ein Mann mit einer roten Flagge stets einem solchen Fahrzeug vorausgehen. Dieses Gesetz – man glaubt es kaum! – hatte bis zum Jahr 1894 Gültigkeit!

Die österreichische Pferdebahn zwischen Linz und Budweis, seit 1828 entstanden, war die älteste Eisenbahn des Kontinents.

Dampfkutschen in England um 1830, als schon seit Jahren Eisenbahnzüge fuhren. Manchmal waren sogar Wagen aneinandergehängt, und zur richtigen Eisenbahn fehlten nur das Gleis. Das Bild »schönt« allerdings! In Wirklichkeit waren diese »Straßenkreuzer« lärmende, qualmende und feuerspuckende Ungeheuer.

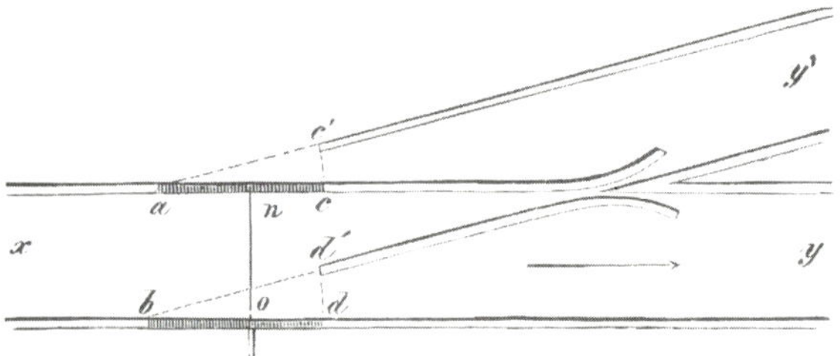
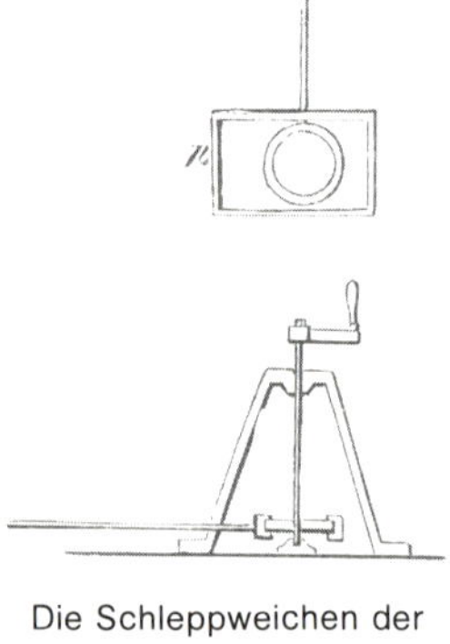

Die Schleppweichen der Anfangszeit konnten nur mit größter Vorsicht benutzt werden.

Die ersten Strecken

Mit den gewalzten Eisenschienen war man ein mächtiges Stück vorangekommen. Nahezu 20 Jahre waren vergangen, seit in London der erste Personenzug um seine Rundstrecke gedampft war. Nun hatte man die erste »richtige« Eisenbahnstrecke gebaut. Sie war 41 Kilometer lang und führte vom Kohlengebiet bei Shildon über den Haltepunkt Darlington zum Nordseehafen Stockton und war zunächst eigentlich nur für den Güterverkehr gedacht. Allerdings fuhren in der ersten Zeit auf den Schienen keineswegs nur von Dampfloks gezogene Züge, sondern auch Pferdebahnen und Pferdekutschen. Wenn ein Dampfzug kam, mußten alle diese Fahrzeuge auf Ausweichgleisen Platz machen und dabei nicht selten größere Strecken zurückfahren. Leichtere Fahrzeuge hob man kurzerhand aus dem Gleis.

Aber trotz solcher Schwierigkeiten funktionierte die Sache gut. Immerhin war es bereits eine richtige Bahnlinie mit Dämmen und Einschnitten, Unterführungen und Brücken. Über eine davon fährt die Eisenbahn noch heute. Durch diesen Erfolg ermutigt, machte man sich bald daran, zwischen den beiden Industriestädten Manchester und Liverpool einen Schienenweg zu legen.

Auch der Bau von Lokomotiven entwickelte sich in England gut. Es gab nun, in den zwanziger Jahren des vorigen Jahrhunderts, schon eine ganze Anzahl dieser dampfenden Ungeheuer.

Um herauszufinden, welche die beste Maschine für die neue große Eisenbahnlinie sei, varanstaltete man im Oktober 1829 ein Wettrennen. Jede Lok mußte eine Strecke von 1½ Meilen (ca. 2,5 km) mehrmals hinter sich bringen, wobei mit 20 Tonnen Fracht beladene Wagen angehängt wurden. 15 km/h sollten mindestens erreicht werden.

Fünf Maschinen standen bereit. Aber unter dem Gehäuse der einen wieherte es laut und unüberhörbar. So pferdefreundlich die Engländer waren und noch heute sind – mit Recht war man allgemein der Ansicht, daß ein Pferd bei diesem Wettkampf nichts zu suchen habe. Oder wollte sich jemand einen Witz machen? Es wurde tatsächlich versucht, eine »Lokomotive« mit 1 PS in die Konkurrenz zu bringen. Ein Pferd sollte sie über ein Tretrad in Bewegung setzen. Bei einer anderen Maschine war der Kessel undicht, und während der Fahrt platzte ein Zylinder.

Die siegreiche Lokomotive hieß »Rocket«, die »Rakete«. Sie erreichte die Geschwindigkeit von fast 45 km/h. Der Erbauer dieser ersten wirklich brauchbaren Eisenbahnlokomotive war George Stephenson.

Die Bahnlinie von Manchester nach Liverpool wurde im September 1830 unter dem Jubel einer vieltausendköpfigen Menge festlich eröffnet. Die zweigleisige Strecke war mehr als 50 Kilometer lang, hatte einen Tunnel, viele Überführungen und Brücken. Einige Drehscheiben, zahlreiche Weichen, Signale und Schranken kamen hinzu. Die Züge fuhren nun bereits nach einem richtigen Fahrplan. – Damit war das, was wir unter Eisenbahn verstehen, eigentlich schon fertig; was nachkam, waren nur noch Verbesserungen.

»Die gute alte Zeit« mit strapaziösen Postkutschenreisen, Zollkontrollen und unwegsamen Straßen; dargestellt vom Zigaretten-Bilderdienst der dreißiger Jahre.

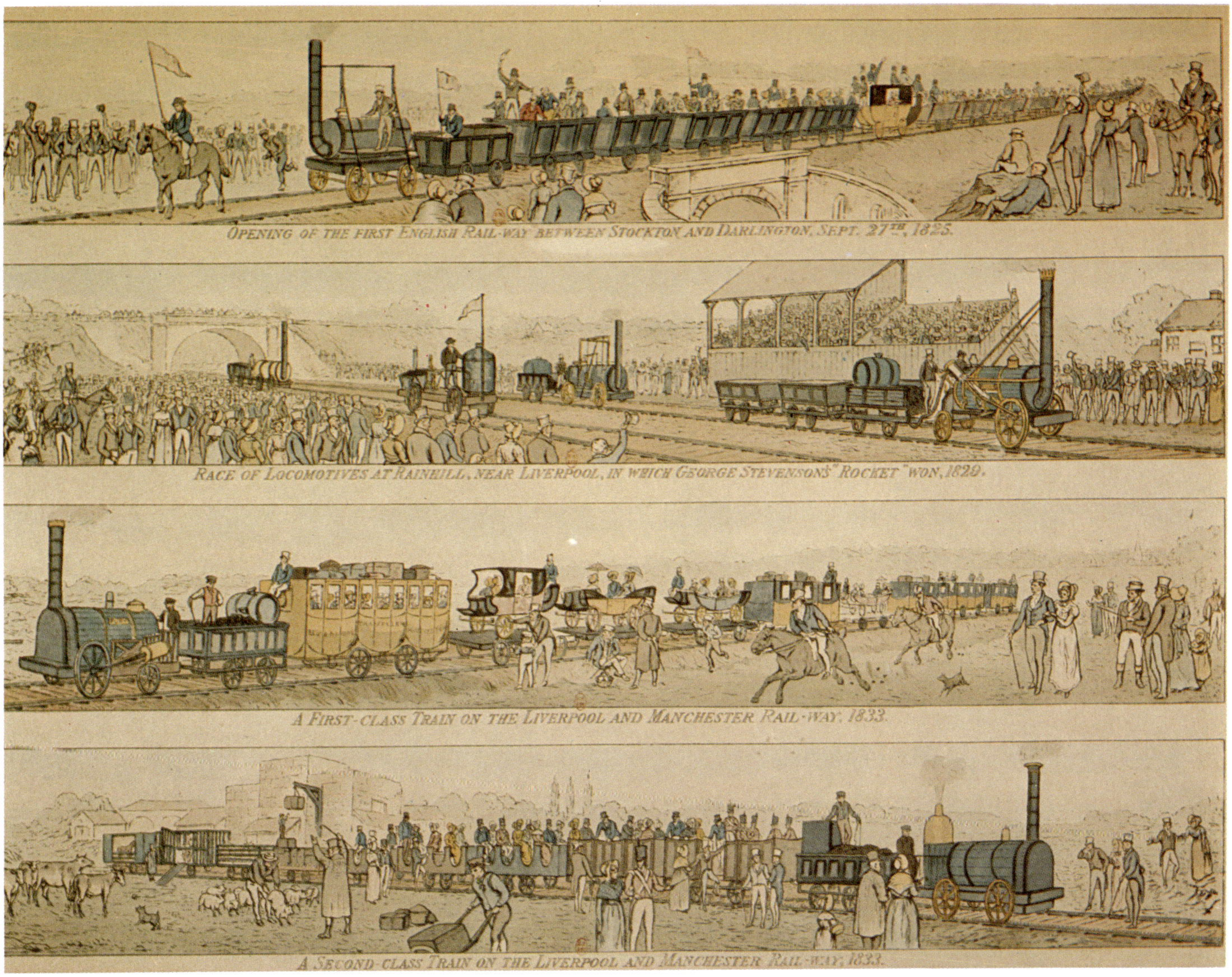

Hier noch einmal das eben Erzählte in Bildern. *Erste Reihe:* Eröffnung der ersten englischen Eisenbahn (Stockton–Darlington) am 27. September 1825. *Zweite Reihe:* Das Lokomotivrennen in Rainhill bei Liverpool, bei welchem Stephenson mit seiner »Rocket« gewann (1829). *Dritte Reihe:* Ein 1.-Klasse-Zug der Liverpool-Manchester-Bahn (1833). Hier wurden auf Plattenwagen Privatkutschen huckepack mitgeführt. *Vierte Reihe:* Ein 2.-Klasse-Zug der gleichen Bahn. Am Ende des Zuges sind Güterwagen angehängt, mit denen auch Vieh transportiert wurde.

Start in Deutschland

Nun gab es kein Halten mehr. Überall wollte man das neue Beförderungsmittel haben, das so viel schneller, bequemer und leistungsfähiger war als alles, was man bisher kannte. Zwar hatte es auf dem europäischen Festland, auch in Deutschland und vor allem in Österreich, schon einige Zeit Pferdebahnen auf Gleisen gegeben. Auch einige Dampfbahnen für die Beförderung von Kohle waren in Betrieb.

In Deutschland fuhr die erste richtige Eisenbahn zur Personenbeförderung 1835 über die etwa 6 Kilometer lange Strecke von Nürnberg nach Fürth. Bei der Planung dieser Strecke machte man zunächst einmal eine regelrechte Verkehrszählung. Das war eine Sache, die es noch nicht einmal im fortschrittlichen England gegeben hatte. Man wollte sicher sein, daß sich die Bahnlinie auch rentierte – und man wurde nicht enttäuscht! Die Lokomotive dieser ersten deutschen Strecke mit dem stolzen Namen »Der Adler« stammte allerdings aus der Fabrik von George Stephenson. Auch den Lokomotivführer, Mister William Wilson, hatte man aus England geholt. Feierlich gekleidet in Frack, Zylinder und weiße Handschuhe, bediente er »ruhig, umsichtig und Zutrauen erweckend« sein Dampfroß. Sicher war er sich seiner Wichtigkeit voll bewußt. Immerhin

übertraf die Höhe seines Lohnes sehr erheblich das Gehalt des Direktors der Eisenbahngesellschaft »Ludwigs-Eisenbahn«, so genannt nach dem damaligen König Ludwig I. von Bayern. Herrn Wilson gefiel es übrigens sehr gut in Nürnberg, und er blieb gleich da – 27 Jahre lang, bis zu seinem Tod.

Wie in England beschränkte man sich auch zwischen Nürnberg und Fürth nicht ausschließlich auf Dampfbe-

trieb – oder »Dampftraktion«, wie der Fachmann sagt. Jahrzehntelang zogen mehr Pferdebahnen über die Gleise als Dampfzüge. Das war billiger. Und außerdem hatte man die Gewähr, ohne Pannen ans Ziel zu kommen, und die waren anfangs ziemlich häufig. Im übrigen blieb die Linie Nürnberg–Fürth eine Art »Versuchsstrecke«. Sie wurde nie verlängert und bekam keinen Anschluß an das zukünftige Eisenbahnnetz. In ihrer guten Zeit aber wurde hier mehr Geld verdient als anderswo. So gab es im ersten Jahr 2364 Dampffahrten und 6001 Pferdefahrten; 449000 Fahrkarten wurden verkauft. Die Aktionäre bekamen 19 Prozent Verzinsung auf ihre Einlagen – ein gutes Geschäft! Ab 1862 wurde nur noch mit Dampfbetrieb gefahren, und erst 1922 legte man die Strecke still.

Die erste »richtige« Eisenbahnlinie in Deutschland entstand bald darauf in Sachsen von Leipzig über 116 Kilometer nach der Landeshauptstadt Dresden. Mit der Postkutsche hatte man hier rund 20 Stunden gebraucht, jetzt nur noch drei!

Der Fürst von Anhalt-Köthen, einem kleinen benachbarten Ländchen, soll begeistert geäußert haben: »Ich muß in meinem Land auch so eine Eisenbahn haben, und

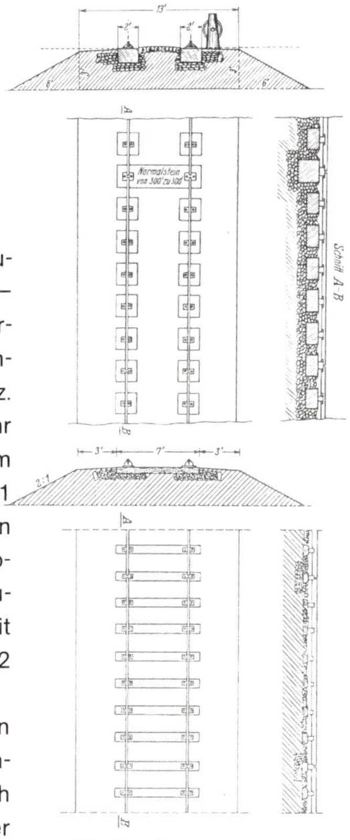

Wie bei den ersten englischen Strecken waren auch zwischen Nürnberg und Fürth die Schienen meist auf Steinblöcken gelagert. Bald erwiesen sich Schwellen als zweckmäßiger.

Spottbild auf häufige Pannen der Eisenbahn. Alle müssen mithelfen, den Zug wieder in Fahrt zu bringen. Im Hintergrund winken Kutschenreisende – sicher nicht ohne Schadenfreude. Der Wanderbursche jedenfalls dreht eine lange Nase.

»Saxonia«, die erste, 1837 in Deutschland gebaute brauchbare Lokomotive.

wenn sie tausend Taler kosten sollte!« Wenn das stimmt, so kann der gute Fürst von Geld nicht viel Ahnung gehabt haben. Allein für die Adler-Lokomotive hatte man viel mehr als 1000 Taler bezahlt. Trotzdem dampfte nach wenigen Jahren auch durch das Ländchen Anhalt-Köthen die Eisenbahn.

Auch die erste brauchbare deutsche Lokomotive, die »Saxonia«, wurde in Sachsen gebaut. Dazu kamen dann schnell Namen im Lokomotivbau, die auch heute noch Begriffe sind: Borsig/Berlin, Maffei/München, Henschel/Kassel und noch andere.

Gerade weil Deutschland damals aus fast vierzig selbständigen Ländern und Ländchen mit unterschiedlichen Geldwährungen, Maßen und Gewichten bestand, hatte man mit dem Eisenbahnbau seine liebe Mühe und Not. Noch vor 100 Jahren gab es nicht weniger als 26 selbständige Eisenbahnen in den verschiedenen deutschen Ländern. Dennoch war das Ganze schon lange vorher zu einem sinnvollen Verbund zusammengewachsen – obwohl es keine einheitliche Planung gab. Allerdings hatte – bevor noch die erste Lokomotive rollte – ein schwäbischer Volkswirtschaftler namens Friedrich List mit genialem Weitblick ein deutsches Eisenbahnnetz entworfen. Dieser Entwurf enthielt im wesentlichen alle Fernverbindungen, wie sie dann in den folgenden Jahrzehnten tatsächlich angelegt wurden.

Eines hatten die frühen Bahnen gemeinsam. Die Strekken waren mit oft erstaunlichem Weitblick trassiert. Große Teile davon können bis in die Gegenwart hinein von den so viel schwerer und schneller gewordenen Zügen befahren werden. Das gleiche gilt auch für die im vorigen Jahrhundert erbauten Brücken und Tunnels, soweit sie den Zweiten Weltkrieg überstanden haben, in dem vieles zerstört wurde. Erst in jüngerer Zeit wurden diese alten Anlagen zum Hemmschuh für weit höhere Geschwindigkeiten, welche Gegenwart und Zukunft fordern.

Ein großartiges Bauwerk der frühen Eisenbahnzeit: Der Göltzschtalviadukt bei Plauen in der heutigen DDR. 1851 fertiggestellt, ist er noch heute der größte steinerne Brückenbau überhaupt – 512 m lang, bis 80 m hoch – und noch immer in Betrieb.

Nicht gerade gesundheitsschädlich, aber aufregend konnte das Eisenbahnfahren schon sein! Zum Beispiel wenn man von einer Linie in die andere umsteigen mußte. In England gab es lange Zeit Strecken mit unterschiedlichen Spurweiten, deshalb kamen solch aufregende Ereignisse ziemlich oft vor.

Gesundheits-schädlich?

Natürlich gab es nicht nur Begeisterung über die Eisenbahn. So sollen Ärzte mit ernsten Worten vor der gefährlichen Sache gewarnt haben: Die schnelle Bewegung werde unfehlbar Erkrankungen des Gehirns verursachen, hieß es da. Das könne sogar allein schon durch den Anblick eines dahinrasenden Zuges geschehen! Man müsse zumindest an beiden Seiten der Bahnlinie hohe Bretterzäune errichten, um die schrecklichsten Folgen zu verhindern.

Ein Müller erhob Klage beim Gericht. Die Züge würden ihm den Wind wegnehmen, ohne den seine Mühle nicht laufe, behauptete er. Andere wieder sagten voraus, der durch den fahrenden Zug entstehende Wind würde das Feuer unter dem Dampfkessel so anfachen, daß dieser unweigerlich zerplatzen müsse.

Wieder andere wiesen – nicht zu Unrecht übrigens – darauf hin, daß umherfliegende Funken und glühende Kohlenstücke Brände in Wald und Flur hervorrufen würden. Feuer und Dampf waren es auch, die viele Menschen glauben ließen, die Eisenbahn sei eine Erfindung des Teufels, weshalb dann auch Papst Gregor XVI. die Benutzung durch die Gläubigen verbot. Aber all dies konnte den Siegeszug der Dampfbahn nicht aufhalten.

Normalspur und Breitspur wurden in England verschiedentlich zu einem Dreischienengleis kombiniert – wie hier auf dem Kings-Cross-Bahnhof. Erst 1892 wurde der Rest der vielen hundert Kilometer Breitspur innerhalb von wenigen Tagen auf Normalspur »umgenagelt«.

Obwohl vor allem in der UdSSR, in China und Indien viel gebaut wurde, sank die Gesamtkilometerzahl wegen zahlreicher Streckenstillegungen, besonders in den USA, auch nach 1980 erheblich.

1850: Die Bahnkilometer der Welt

Vereinigte Staaten	14515	Rußland	600	Schweden	12
Großbritannien	10653	Italien	427	Mexiko	11
Deutschland	6044	Ungarn	222	Südamerika	0
Frankreich	3083	Kanada	144	Afrika	0
Belgien	897	Spanien	28	Asien	0
Österreich	600	Schweiz	27	Australien	0

Die Entwicklung der Eisenbahnen der Welt (ca. in Kilometern)

	1850	1860	1870	1880	1890	1910	1950	1980
Nordamerika (USA, Kanada, Mexiko)	15100	53400	90300	164700	303000	460900	484300	440000
Südamerika	–	500	2800	10000	27600	65500	105300	88000
Afrika	–	440	1800	4600	10100	36900	73600	80000
Australien, Ozeanien	–	400	1800	7800	18900	31700	52700	46000
Asien (ohne Rußland)	–	1400	8200	16200	31700	85000	166100	184000
Rußland	600	1600	11200	24000	32400	76250	123000	142000
Europa (ohne Rußland)	22900	50260	93700	145200	192500	282000	315400	260000
Auf der ganzen Erde ca.	38600	108000	209800	372500	616200	1038250	1320400	1240000

So sah es auf einem großen Bahnhof vor Abfahrt eines Zuges aus: Das Bild zeigt die alte Paddington-Station in London um 1830. Neben rührenden Abschiedsszenen zeigt der Maler, wie ein gesuchter Spitzbube von Polizisten – in Frack und Zylinder – festgenommen wird.
Ein Foto des Paddington-Bahnhofs 150 Jahre später ist auf Seite 109 zu finden.

Wie auf dem Flughafen

Das neue Verkehrsmittel war bald nicht mehr wegzudenken. Immerhin legte man mit ihm in Stunden Entfernungen zurück, für die man vorher Tage gebraucht hatte.
Aber ungewohnt und neu blieb die Sache noch lange. Deshalb wurde alles sehr genau und streng geregelt. Dafür sorgte das Bahnpersonal, das so ähnlich uniformiert war wie damals die Soldaten. Der Herr Bahnhofsvorstand trug zu festlichen Anlässen sogar einen Säbel.
Da gab es zum Beispiel für die Strecke München–Augsburg die »königliche Regierungsentschließung« von 1841:

1.) Die Barrieren an den Ueberfahrten über die München-Augsburger Eisenbahn dürfen nicht eröffnet werden, um darüber zu fahren, oder zu gehen, sondern die Eröffnung muß von den Bahnwärtern geschehen, und abgewartet werden.

2.) Kein Vieh darf in der Nähe der Eisenbahn-Dämme ohne genügende Aufsicht durch erwachsene Personen, wie dieses längst allgemein verordnet ist, zur Waide gebracht werden.
Uebertreter werden um Geld von einem bis fünf Gulden oder mit polizeilichem Arrest bestraft, und sind für die Folgen haftend.

Am 17. Juni 1841
Königl. Landgericht München
Kuttner, Landrichter

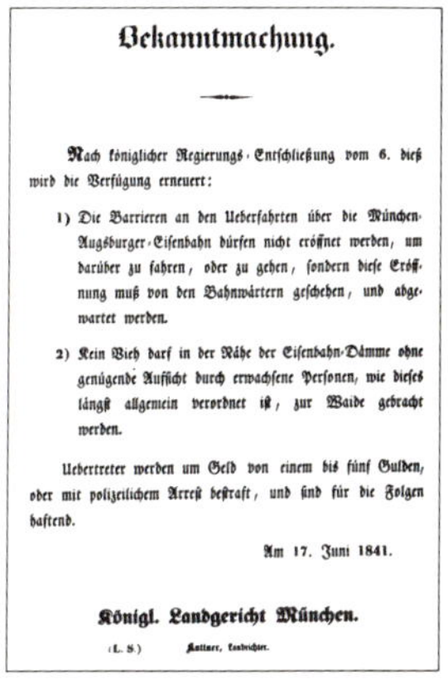

Bekanntmachung.

Nach königlicher Regierungs-Entschließung vom 6. dieß wird die Verfügung erneuert:

1) Die Barrieren an den Ueberfahrten über die München-Augsburger-Eisenbahn dürfen nicht eröffnet werden, um darüber zu fahren, oder zu gehen, sondern diese Eröffnung muß von den Bahnwärtern geschehen, und abgewartet werden.

2) Kein Vieh darf in der Nähe der Eisenbahn-Dämme ohne genügende Aufsicht durch erwachsene Personen, wie dieses längst allgemein verordnet ist, zur Waide gebracht werden.

Uebertreter werden um Geld von einem bis fünf Gulden, oder mit polizeilichem Arreſt bestraft, und sind für die Folgen haftend.

Am 17. Juni 1841.

Königl. Landgericht München.

(L. S.) Kuttner, Landrichter.

Die »Vorschriften für Reisende und Lustfahrende« auf der gleichen Strecke kann man ganz gut mit den Anweisungen vergleichen, die heute auf den Flughäfen durch die Lautsprecher ertönen:

Die Passagiere werden ersucht, sich beim ersten Glockenzeichen in die Wartesäle oder auf den Sammelplatz der Station zu begeben. Dieses erste Zeichen erfolgt bei den Hauptstationen München und Augsburg 15 Minuten vor der Abfahrt...
Mit dem zweiten Glockenzeichen, welches zehn Minuten nach dem ersten folgt, werden sowohl die Kassen als auch die Eingangsthüren zum Bahnhofe geschlossen und niemand mehr eingelassen. Die Passagiere begeben sich zum Wagenzuge und nehmen die ihren Billetten (Fahrkarten) entsprechenden Plätze in dem Wagen ein...
Unmittelbar nachdem alles Platz genommen hat und die Wagenschläge (Türen) geschlossen sind, beginnt die Billettkontrolle...
Das dritte Glockenzeichen erfolgt in dem Augenblicke, wo sich der Wagenzug auf ein Hornsignal des Kondukteurs (Zugschaffners), welches die Dampfpfeife erwidert, in Bewegung setzt...

Streckenwärter waren in der Frühzeit stets in Sichtweite voneinander postiert.

Wie setzt sie sich in Bewegung?

Die Dampflokomotive besteht zunächst aus einer Feuerung und einem mehr oder weniger großen Kessel. Dieser Kessel ist von vielen Heizrohren durchzogen und enthält Wasser. In der Feuerung entstehen heiße Verbrennungsgase; diese werden durch die Heizrohre in den Kessel geleitet. Dort erhitzt sich das

Durch die Tür (a) wird Kohle in die Feuerbüchse geschüttet. Die zur Verbrennung nötige Luft kommt von unten durch den Rost. Bis (b) ist der Kessel mit Wasser gefüllt. Die heißen Verbrennungsgase, die von der Feuerbüchse (c) in die Heizrohre (d) strömen, erhitzen das die Rohre umgebende Wasser. Durch die Reglerkurbel (f) wird der Regler (g) gedreht. Nun strömt Dampf durch das Rohr nach unten in den Zylinder (h). Dort wird der Dampf abwechslungsweise vor oder hinter den im Zylinder befindlichen (gelben) Kolben geleitet und dieser hin und her bewegt. Durch ein Gestänge wird die Kraft dieser Bewegung auf die Räder übertragen. Der Dampf entweicht durch das Rohr (i) nach oben aus dem Kamin.

Wasser und wird zu Dampf. Für das Feuer wird meistens Kohle oder Koks verwendet. Man kann aber auch mit Öl, Holz, Torf oder anderen Brennstoffen feuern, sogar mit Kamelmist!

Das im Kessel verdampfte Wasser kann nicht entweichen, dadurch entsteht ein höherer Druck. Unter diesem Druck wird der Dampf in die Zylinder geleitet, die sich bei den meisten Lokomotiven vorne links und rechts neben oder zwischen den Rädern befinden.

Die Kolben in den Zylindern werden durch den Dampfdruck hin und her bewegt. Dazu wird der Dampf, durch ein Gestänge gesteuert, abwechslungsweise vor und hinter dem Kolben eingeleitet. Je nach gewünschter Geschwindigkeit geschieht dies mehr oder weniger stark. Fest mit dem Kolben verbunden ist das Antriebsgestänge, das die Bewegung auf die Antriebsräder, die Treibräder, überträgt und diese in Bewegung versetzt. Große Loks haben vier oder mehr Treibräder, die wiederum durch Kuppelstangen miteinander verbunden sind.

Der Dampf, der aus den Zylindern zurückströmt, wird durch ein Rohr in den Schornstein geleitet und dort zusammen mit Rauch und Ruß der Feuerung in oft mächtigen Wolken ins Freie befördert.

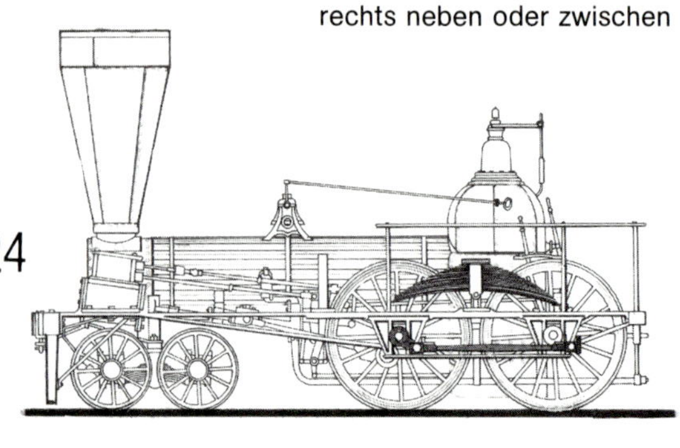

Amerikanische Lokomotive von 1846 mit Drehgestell.

Wagen und Klassen

Zuerst hatte man als Wagen richtige Postkutschen verwendet, einfach auf eiserne Räder gesetzt. Auch die Wagen, die neu gebaut wurden, glichen in der ersten Zeit noch sehr den alten Kutschen. Lange saß sogar noch ein Eisenbahnbediensteter oben auf dem »Bock«. Wie vorher der Kutscher, bediente er die Bremskurbel, wenn es notwendig wurde.

Um mehr Fahrgäste unterbringen zu können, baute man mehrere solcher »Kutschen« auf einem Fahrgestell aneinander. So kam es, daß jedes Abteil eigene Türen hatte. Man nannte diese Fahrzeuge Coupéwagen – Coupé ist das französische Wort für Abteil.

Umsetzen eines Kutschenkastens zur Beförderung auf der Eisenbahn.

Zuggarnitur der Liverpool-Manchester-Linie. Nr. 1: Die Northumbrian-Lokomotive. Nr. 2, 3, 5; Personenwagen; Nr. 4: Ohne Räder auf Plattenwagen gestellter Kutschenkasten. Wie das vor sich ging, zeigt die Zeichnung oben. Nr. 6, 7: Viehtransportwagen.

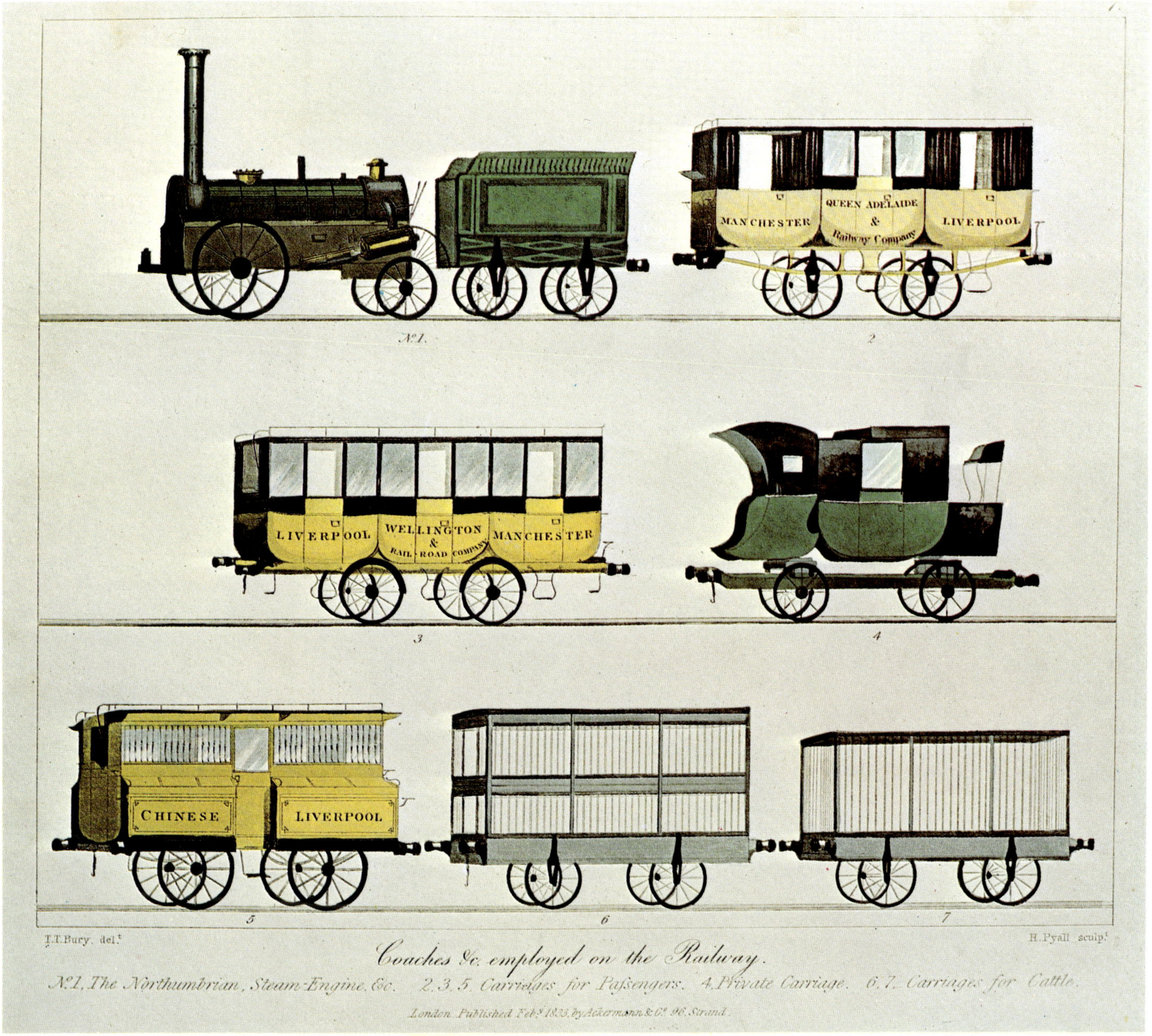

Typischer brauner »Holzklasse«-Wagen (3. Klasse) der niederländischen Eisenbahn.

Rechte Seite: Fahrkarten... wer sie sammelt, huldigt der »Peridromophilie«.

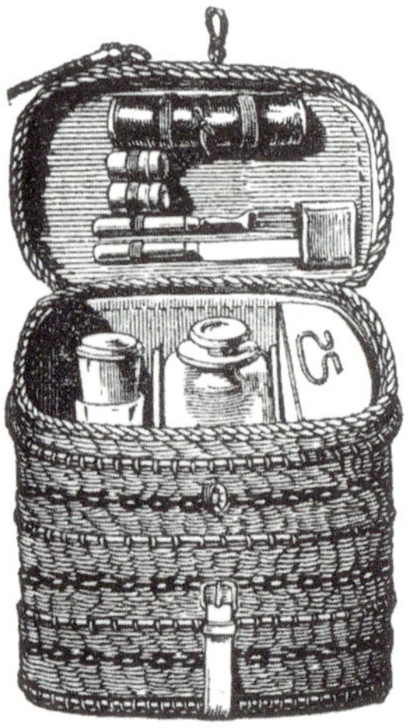

Reisekorb in einer Darstellung von 1858.

Sogar die gelbe Farbe der Postkutschen wurde beibehalten, vielfach jedenfalls für die Wagen der 1. Klasse. Insgesamt gab es bei uns bald drei, oft sogar vier Wagenklassen. Die vornehmste und natürlich auch teuerste war – sie ist es heute noch – die 1. Klasse. In ihren Abteilen waren meist drei gepolsterte Plätze auf einer Bank vorgesehen, also sechs in jedem Abteil. Bei Dunkelheit wurden die 1.-Klasse-Abteile mit Kerzen oder Öllampen beleuchtet, später mit Gaslampen und lange Zeit später elektrisch. Im Winter bekamen die Damen und Herren mit heißem Wasser oder heißem Sand gefüllte Fußbänke. Kalt genug war es trotzdem, obwohl die Fenster – in der 1. Klasse – »sogar« verglast waren. Man mußte sich, wie zur Postkutschenzeit, warm anziehen. Später stellte man dann eiserne Öfen in die Abteile. Sie wurden mit Holz oder Kohle befeuert. Das gab viel Rauch und Gestank und war sicher keine reine Freude.

Erst viel später kam dann die durchgehende Dampfheizung. Eine Toilette gab es, wenn überhaupt, allenfalls im Gepäckwagen. Man mußte dorthin umsteigen und dann allerdings bis zur nächsten Station auch da bleiben. Der Einbau von Toiletten in Personenwagen ließ ziemlich lange auf sich warten. Dafür waren die Aufenthalte an den Stationen länger, und man konnte sie für »dringende Bedürfnisse« ausnutzen oder auch einen kleinen Imbiß einnehmen.

Da die gelbe Farbe empfindlich war und bei dem vielen Ruß schnell verschmutzte, ging man vielfach zu grüner Bemalung über und behielt für die 1. Klasse nur gelbe Umrandungen und Zierleisten bei. In den häufig grün gestrichenen Wagen der 2. Klasse war es etwas enger. Normalerweise wurden vier Fahrgäste jeweils auf einer einfach gepolsterten Bank untergebracht. Zur Beleuchtung dienten Petroleumlampen.

Irgendeine Heizung gab es in der ersten Eisenbahnzeit nicht für diese Klasse. Zudem hatten die Fensteröffnungen nur Vorhänge, aber kein Glas. Mit Zugluft, Kälte, Rauch, Ruß und Funkenflug mußte man sich eben abfinden. In der Anfangszeit der Leipzig-Dresdener Eisenbahn wurden deshalb sogar richtige Schutzbrillen verkauft.

Die Holzbänke der 3. Klasse waren für je fünf Fahrgäste vorgesehen. In der »Holzklasse« ging es schon recht eng zu. Beleuchtung fehlte in diesen meist braun gehaltenen Wagen völlig, und nicht anders war es natürlich mit der Heizung. Man mußte in der ersten Zeit froh sein, wenn die Wagen dieser Klasse überhaupt ein Dach hatten.

Die grau gestrichenen Wagen der 4. Klasse jedenfalls waren zunächst tatsächlich offene Güterwagen, »Kälberwagen« genannt, in denen die am wenigsten zahlungskräftigen Fahrgäste stehen mußten. Später kamen dann einfache Holzbänke hinein, und allmählich wurden sie – wenn nicht wieder ganz abgeschafft – sogar mit einem Dach versehen. Manche Länder hatten die 4. Klasse bis zum Jahr 1928. Dann gab es lange drei Klassen, und seit 1956 gibt es nur noch 1. und 2. Klasse.

Auf einer Bahnlinie im Taunus, dem Bergland bei Frankfurt und Wiesbaden, hatte man zeitweise eine 5. Klasse. Ein boshafter Witz behauptete, bei dieser Klasse hätten die Wagen keinen Boden, und die »Fahrgäste« müßten mitrennen!

Die Geislinger Steige zwischen Stuttgart und Ulm ist eine der ganz steilen Strecken. Noch unsere Urgroß-

Bayerische Zugspitzbahn
Halbe Fahrkarte
(Ausweispflicht)
(Siehe Rückseite)
Schneefernerhaus
Zugspitzgipfel
und zurück
1.50 DM
Nicht übertragbar
91301
Ausg. Silberwald
Strecken
Liesing - Süßenbrunn
und
Floridsdf - Strabersdf
2. Kl Schnellbahnzug
Keine Fahrtunterbrechung
Ermäßigte Rückfahrkarte
Bezau
Bregenz
und zurück
Gültig 4 Tage
44018
31.01.65
Personenzug
Kufstein 2
Innsbruck Hbf
1209
KONTROLLKARTE
München (DER 5)
Klasse
Nur gültig in Verbindung mit dem
SAMMELFAHRSCHEIN
012298
4624
Schnellzugzuschlag
Bln - Stadtb.
Zone II
über 300 km
Schnellfahrt
der Deutschen Bundesbahn
anläßlich der IVA München 1965
Höchstgeschwindigkeit
200 km/h
München - Augsburg
und zurück
Fahrpreis: 4,00 DM
München Hbf (25)
17842
21.10.63
Rückfahrkarte
Personenzug
München Hbf 11
Köln
üb Stuttgart od Würzburg
Korsør -
København By
og tilbage
und zurück
02276
19.04 63
Schnellzugzuschlag
Duisburg Hbf 5
Nur gültig mit der
Hauptkarte
Rückfahrkarte
Personenzug
Maschen
Hmb-Harburg
Gültig 4 Tage
2.Kl. 1,00DM
00445
Jenbach
Eben
und zurück
S 22,00 ½ S 11,00
09. 03. 65
Tagesrückfahrkarte
Personenzug
Königstein (Taunus)
Frankfurt-Höchst
00009
Straßhof
Silberwald
Gültig 4 Tage
Platzkarte
von München Hbf
(Siehe Rückseite)
07761 c
Dubrovnik 3
TREBINJE
04091
25.09.71
Sonderrückfahrkarte
München-Pasing 3
Seeshaupt
od Staltach
16.08.68
½ Personenzug
Praterstern (2)
Von Süßenbrunn nach
Straßhof
08. 05. 1970
Gesellschafts - Sonderfahrt
Fahrt 2
Zwiesel (Bay)
17.70
Schül Woch
von Mü-Pasing (2)
od Mü-Obermenzing
03.05.69
½ Preis
Gültig 2 Tage
Zürich
St. Margrethen
via Winterthur -
Rorschach
307834
DISTRIBUTEUR AUT. 2
TICKET DE QUAI
NON ECHANGEABLE
NI REMBOURSABLE
CE TICKET NE DONNE PAS
ACCES DANS LES VOITURES

Links: Die Postkutsche stand Pate bei diesem 1.-Klasse-Wagen der französischen Nordbahn. – *Rechts:* Alte Darstellung eines dreiachsigen englischen 1.- und 3.-Klasse-Wagens von 1880. *Darunter* das Foto eines gleichen Wagens aus dem britischen Eisenbahnmuseum.

Französischer Doppelstock-Wagen aus der Zeit der Jahrhundertwende. Hier »stimmen« auch die Farben: 2. Klasse grün, 3. Klasse braun. Ähnliche Wagen fuhren schon um 1880 bei der Berliner Stadtbahn und den Vorortstrecken anderer europäischer Großstädte.

eltern scherzten hier: »Vierte Klasse – aussteigen und schieben. Dritte Klasse – aussteigen und Gepäck tragen. Zweite Klasse darf Gepäck drinnen lassen. Erste Klasse darf sitzen bleiben.«

Die Fahrkarten bekamen die verschiedenen Farben der einzelnen Klassen. Das hatte seinen guten Grund. Nach den Farben konnten auch unerfahrene Reisende den richtigen Wagen leicht finden. Es gab ja zu dieser Zeit nicht wenige, die mit dem Lesen Schwierigkeiten hatten.

Die ersten Wagen waren zweiachsig, also mit vier Rädern. Wenn eines davon kaputtging, konnte es leicht zum Entgleisen und damit zu einem Unglück kommen. Deshalb ging man zu vierachsigen Wagen über, bei denen die Achsen paarweise in Drehgestellen gelagert waren. Auch auf bessere Federung legte man dabei Wert. Die Drehgestelle waren auch besonders in engeren Kurven vorteilhaft; Entgleisungen wurden seltener. Bei der Zusammenstellung der Züge folgte der Sicherheit wegen nach der Lok ein Gepäckwagen. (Hinter diesem kam dann die 4. Klasse.) Bei Zusammenstößen nämlich schoben sich die Waggons nach vorn zusammen und in die Lok hinein. Bei der Holzbauweise der Wagen konnte da leicht Feuer ausbrechen.

Oben: Der Bahnhof Liverpool um 1830 mit Drehscheiben und Verbindungsgleis. So konnte man die damals noch kleinen Loks und Wagen schnell wenden und von einem Gleis aufs andere bringen, ohne über die noch recht unsicheren Schleppweichen rangieren zu müssen. – *Unten:* Erdrutsch an der englischen Küste. Ob es sonst auf der eingleisigen Strecke wohl zu einem Zusammenstoß gekommen wäre?

Das Gleis

»Stopfen der Bettung mit Hilfe der Stopfhacke.« Zeichnung aus dem Großen Brockhaus von 1930.

Wir haben schon gehört, wie wichtig stabile Schienen sind. In der allerersten Zeit wurden sie meist auf einzelstehende Steinblöcke montiert. Eine Verbindung von einer zur anderen Schiene gab es dabei nicht. Die Gefahr war deshalb groß, daß das Gewicht des Zuges die beiden Schienen auseinanderdrückte und es zu Unfällen kam.

Deshalb ging man sehr bald dazu über, die Schienen in genau festgelegtem Abstand auf querliegende kräftige Holzbalken zu nageln oder zu schrauben. Man nennt diesen Abstand von Schiene zu Schiene die »Spurweite«. Sie ist in den meisten europäischen Ländern gleich: 1435 Millimeter.

Dieses Maß entstand eigentlich zufällig – es war wohl von den Postkutschen übernommen. Und als sich dann Stephenson, dessen Fabrik Lokomotiven in alle Welt lieferte, auf diese Spurweite festgelegt hatte, war die Sache eigentlich schon entschieden.

Es gibt aber Ausnahmen: In Rußland zum Beispiel oder in Spanien ist die Spur breiter, in Afrika wiederum schmaler als bei uns. Auch auf Nebenstrecken, bei Industriebahnen und in Ausstellungsparks gibt es Schmalspurbahnen mit 381 bis 1067 Millimeter Spurweite.

Die Holzbalken, »Schwellen« genannt, werden in eine Unterlage von kantigen Steinen eingebettet, in den Schotter. Die auf Schwellen montierten Schienen nennt man das Gleis. Es liegt fest eingebettet im Schotter. Holzschwellen, meist aus hartem Buchen- oder Eichenholz, werden zum Schutz gegen Witterungseinflüsse mit Teeröl getränkt. Eine so geschützte Hartholzschwelle hält 30 bis 40 Jahre. Ohne das Teeröl wäre das Holz schon nach wenigen Jahren nicht mehr brauchbar. Betonschwellen haben eine noch längere Lebensdauer als Holzschwellen, die wir uns angesichts der sterbenden Wälder ohnehin nicht mehr leisten können. Bei der DB sind heute bereits rund zwei Drittel aller Schwellen aus Spannbeton. Bei Neubaustrecken werden in Tunnels zum Teil Betonschwellen ohne Schotter auf bzw. in Betonplatten verlegt.

Die Art, Gleise zu verlegen, ist seit der ersten Zeit bis heute im Prinzip gleich geblieben. Früher war es eine schwere und langweilige Arbeit von vielen Menschen. Mit eisernen »Stopfhacken« klopften sie tagaus, tagein in gleichem Takt den Schotter unter die Schwellen. Für drei Kilometer gut verlegtes Gleis brauchten unter normalen Umständen 200 Arbeiter mehrere Wochen. Heute gibt es Gleisbauzüge, die diese Arbeit mit etwa 50 Mann in wenigen Stunden fertigbringen.

An den Stellen, an denen die Schienen aneinanderstießen, erhielten die Fahrzeuge regelmäßig harte Stöße. Heute werden daher die Gleise meist lückenlos verschweißt. Die Schienenstücke sind bei der Fertigung 30 oder 60 Meter lang und werden schon vor dem Verlegen zu 120 oder gar 180 Meter langen Stücken zusammengeschweißt. Da Metall sich bei Hitze ausdehnt und bei Kälte schrumpft, kann das weitere Verschweißen der 120-Meter-Stücke nur bei mittlerer Temperatur ausgeführt werden. Es geht dabei buchstäblich um Bruchteile von Millimetern, und allergrößte Sorgfalt ist notwendig.

Mit einem schweren Schraubenschlüssel ausgerüstet schritt der »Streckengeher« – Bild Seite 78 – Tag für Tag Abschnitte seiner Strecke ab. Er mußte auf gelockerte Schrauben, Beschädigungen und Materialfehler achten. Heute wird die Gleisprüfung vor allem durch Gleismeß- und Schienenprüfzüge mit Ultraschallgeräten vorgenommen. Bei den Hauptstrecken macht man das zweimal, bei weniger befahrenen Linien einmal im Jahr.

Links: Abstellgleise des Stuttgarter Hauptbahnhofs, ein sinnvolles Gewirr. Die gelb-schwarz gestreiften Schilder sind die Rückseiten von platzsparenden Zwergsignalen. Die schwarz-weißen Zeichen sind Weichensignale (siehe Seite 55). Die weißen Kreuze bedeuten: Signal nicht in Betrieb.

Rechte Seite: Ein Gleis-Schnellumbauzug bei der Arbeit. An der Spitze des etwa 400 m langen Zuges werden die alten Gleise abgebaut. Anschließend werden die neuen Schwellen verlegt und neue Schienen verschraubt. Der hintere Teil des Zuges rollt bereits auf neuem Gleis.

Fahrbahn im Einschnitt und auf einem Damm:
1 = Planum, 2 = Schotter, 3 = Schwellen.

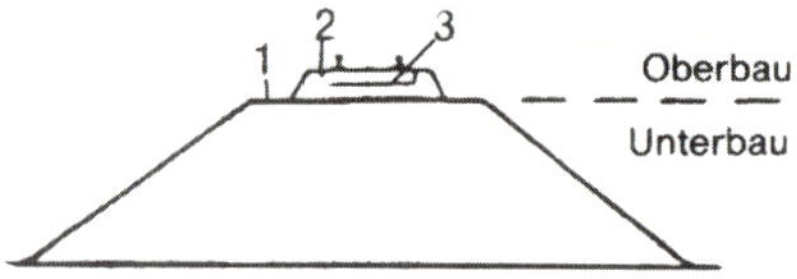

Fahrbahn auf einem Damm.

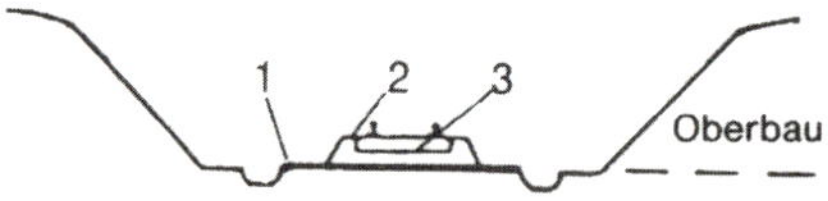

Fahrbahn im Einschnitt.

Baufieber überall

1835 war die erste Eisenbahnstrecke in Deutschland eröffnet worden. Fast gleichzeitig war dasselbe in einigen anderen Ländern geschehen.

Beim Streckenbau waren besonders in gebirgigen Gegenden wie in Österreich und der Schweiz ungeheure Schwierigkeiten zu überwinden. In Österreich eröffnete man bereits 1854, keine 20 Jahre nach der ersten deutschen »Kurzstrecke« Nürnberg–Fürth, die erste Gebirgsstrecke der Welt, die Semmeringbahn. Dies ist eine kühne und kurvenreich angelegte Strecke mit 16 Viadukten und Brücken, 15 Tunnels und anderen Kunstbauten. Sie überwindet in 900 Meter Höhe den Gebirgspaß, der Niederösterreich mit der Steiermark verbindet und zugleich Wien mit dem Balkan und Italien.

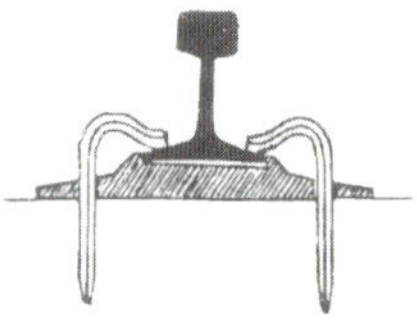
Genagelte Schienen.

Verschraubte Schienen.

Auch die flacheren Länder hatten ihre Schwierigkeiten. Hügel, zum Befahren zu hoch, zum Untertunneln zu niedrig, machten riesige Erdbewegungen notwendig. Einschnitte wurden gegraben und Dämme aufgeschüttet. Man überbrückte Flüsse und Täler, und es entstanden dabei Bauwerke wie seit der Zeit der Römer vor 2000 Jahren nicht mehr.

In England wurden Bahnen durch riesige Moore mit schwankendem Untergrund geführt. Den mußte man natürlich erst gründlich befestigen. Auch der feuchte Boden in Holland mit seinen vielen Kanälen und sonstigen Wasserläufen machte Kopfzerbrechen. Es mußte daran gedacht werden, daß unter den Brücken oft noch Schiffe mit hohen Masten durchfahren sollten. Man half sich mit Drehbrücken, die zur Seite geschwenkt werden konnten, oder mit Hebebrücken, die die Wasserstraße freigaben. Oder man baute Klappbrücken, ähnlich den Zugbrücken alter Ritterburgen.

Alle diese Bauwerke wurden mit einfachsten Hilfsmitteln erstellt. Bulldozer, Riesenkräne, Betonmischmaschinen, Preßlufthämmer und ähnliche Dinge gab es nicht. Es gab nur ganze Heere von fleißigen, schlecht bezahlten Arbeitern – und Arbeiterinnen – mit Spitzhacken und Schaufeln, mit Kipploren auf einfachen Gleisen und Pferdekarren.

Die Tunnels führten oft viele Kilometer durch hartes Gestein. Sie mußten in mühsamer bergmännischer Arbeit ausgehöhlt werden. Erst allmählich kamen Bohrmaschinen, Schwarzpulver und später Dynamit zum Sprengen.

Haupthilfsmittel war zunächst das Feuer. Mit ihm erhitzte man das Gestein und schreckte es dann mit kaltem Wasser ab. Dadurch wurde es brüchig und ließ sich abtragen. Oft wurde die Luft bei diesem »Abteufen« so schlecht, daß die Lampen erloschen und die Bergleute beinahe erstickten.

Europa hatte damals eine lange Zeit des Friedens. Viel Geld, das nur zu oft in Kriegen im wahrsten Sinne des Wortes verpulvert worden war, konnte für den Bahnbau aufgewendet werden. Nur so war es möglich, daß das Wachsen der Strecken mit solcher Schnelligkeit vonstatten ging.

Allerdings begannen sich bald die Militärs für die Verwendung der Bahn im Krieg zu interessieren. Es dauerte gar nicht lange, bis man es mit ihrer Hilfe fertigbrachte, Kriege großräumiger und mit viel mehr Soldaten zu führen als bisher. In den Auseinandersetzungen zwischen Preußen und Österreich 1866 und im Deutsch-Französischen Krieg 1870–1871 spielten die Eisenbahnen bereits eine wichtige Rolle wie schon vorher bei den Kämpfen in Italien 1859 und im Amerikanischen Bürgerkrieg 1861–1865.

Wie sah es überhaupt jenseits des Ozeans aus?

Oben links: Der liebevoll verzierte Eingang eines kleinen Tunnels in der Nähe von Bristol. Ein Polizist im Zylinder gibt freie Fahrt. – *Oben rechts:* Um übermäßige Steigungen zu vermeiden, waren riesige Erdbewegungen notwendig. Sie wurden mit einfach sten Hilfsmitteln ausgeführt: Durchstich eines Hügels für eine englische Bahnlinie. Ein Schienenstrang ist schon gelegt, die zweite Spur noch in Arbeit. – *Darunter:* Englischer Bahnhof um 1840. – *Unten:* Die österreichische Semmeringbahn war die erste Gebirgsstrecke überhaupt. Ihre gewaltigen Bauwerke stehen seit über 130 Jahren und müssen auch die um ein Vielfaches schwerer und schneller gewordenen modernen Züge verkraften: Ein frühes Bild des Viadukts »Kalte Rinne«. – *Linke Seite:* Ein Städteschnellzug, geführt von einer Lokomotive der Baureihe 1042, überquert die »Kalte Rinne«.

Feuerrösser, Rothäute und Büffel

Zur gleichen Zeit, als in Deutschland die erste 6-Kilometer-Strecke eröffnet wurde, waren in den Vereinigten Staaten von Nordamerika, den USA, bereits 1500 Kilometer Bahnlinien in Betrieb. Zum Teil fuhren allerdings noch Pferdebahnen über die Gleise. 15 Jahre später waren es bereits mehr als 14000 Kilometer!

Am allerwichtigsten war in dieser Zeit der Bau einer Verbindungslinie quer über den Kontinent vom Atlantischen zum Pazifischen Ozean. Hunderttausende drängten nach dem Westen. Da lag Kalifornien mit seiner Sonne, seiner Fruchtbarkeit und dem Gold, das es zu finden gab.

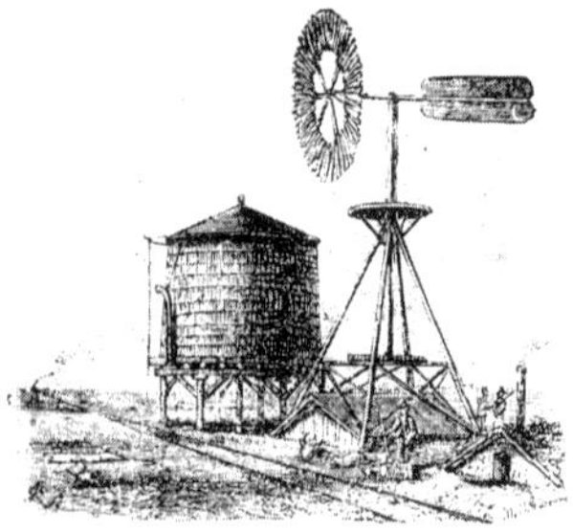

Windbetriebene Pumpstation und Wasserreservoir.

Um an die andere Küste des Kontinents zu kommen, mußten bisher schwere Strapazen ertragen werden. Entweder segelte man um ganz Südamerika herum. Dabei war an der Südspitze des Kontinents das Kap Hoorn zu umschiffen, das wegen seiner Stürme berüchtigt ist. Oder man quälte sich durch die Fiebersümpfe der Landenge von Panama zwischen Nord- und Südamerika. Der dritte Weg war der Planwagentreck durch Wüsten, Steppen und Gebirge. Auf diesem Weg verlor so mancher seinen Skalp an die Indianer. Alle diese Reisen dauerten viele Wochen, wenn nicht gar Monate. Eine Bahnverbindung mußte die langen Zeiten gewaltig verkürzen und die Reise um ein Vielfaches angenehmer machen.

Der Bau der riesigen Strecke war ein einziges Abenteuer. Gleichzeitig begann er von beiden Seiten. Vom Osten, vom Atlantik her, war man schon ziemlich weit vorgedrungen mit dem Bahnbau. Der östliche Teil des Kontinents war mit einem schon sehr dichten Netz von Bahnlinien bedeckt.

Die Weiterführung der Strecke nach Westen begann bei der Stadt Omaha mitten im Landesinneren. Der Bau zog sich durch endlose Prärien, öde Gegenden vielfach. Pfadfinder und Ingenieure erkundeten ständig die günstigsten Möglichkeiten für den weiteren Streckenverlauf. Von der Pazifikseite her galt es sich durch das riesige Felsengebirge der Rocky Mountains hindurchzukämpfen.

Auf beiden Seiten waren Techniker und Bauarbeiter ständig bedroht durch die einheimischen Indianer. Diese hatten den Eindringlingen mit ihren Feuerrössern Tod und Verderben geschworen, und die Bahnbauer mußten ständig auf Überfälle gefaßt sein. Stets waren Gewehr und Pistole griffbereit.

Aber nicht die Indianer waren die tatsächlich Schuldigen an den Kämpfen, die mit dem Bau der Eisenbahnen verbunden waren. Denn wo gebaut wird, da gibt es Geld. Und Geld zieht nicht nur fleißige Menschen an – 10000 chinesische »Gastarbeiter« waren dabei –, sondern auch allerlei Gesindel. So kam es ständig zu Raub, Mord und Totschlag. Im übrigen fürchteten die Indianer völlig zu Recht, daß man sie aus ihren heimatlichen Jagdgründen vertreiben wolle.

Aber all dies konnte nicht verhindern, daß die fast 2500 Kilometer lange Strecke bereits nach sechs Jahren fertig war, Jahre früher als geplant! Bis zu sechs

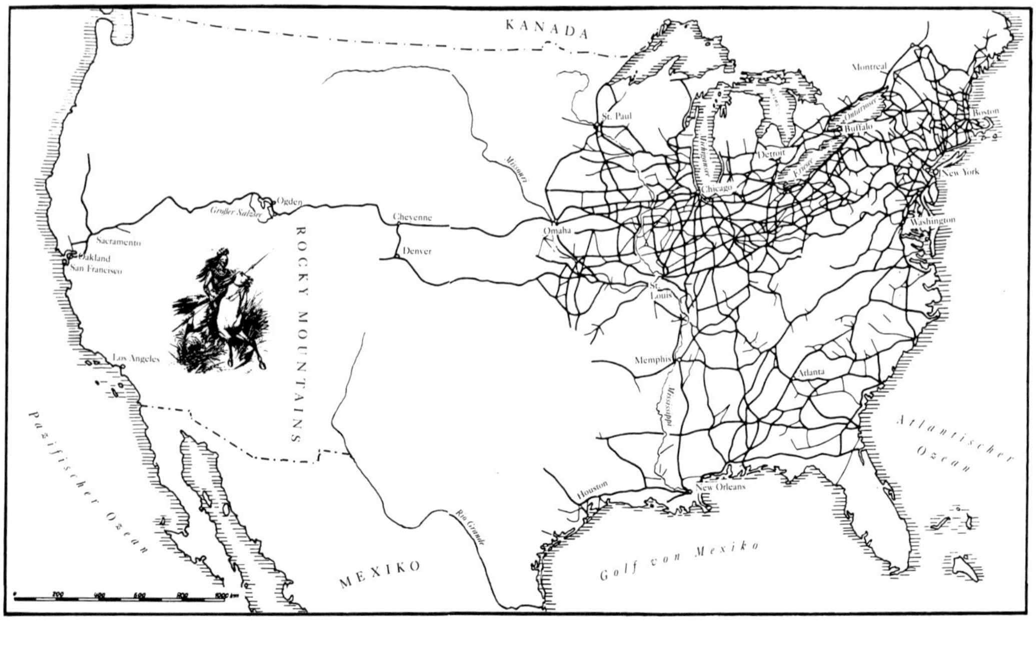

Das amerikanische Eisenbahnnetz um 1870. Bisher gibt es nur eine transkontinentale Verbindung. Während der Westen schon von einem dichten Netz bedeckt ist, beginnt der Ausbau im Osten nur zögernd.

Kilometer hatte man pro Tag geschafft – einmal, auf Grund einer Wette, sogar zehn!
Im Gegensatz zu den Europäern suchte man nicht, Hindernisse durch große Erdarbeiten zu überwinden. Man war bestrebt, solche Hindernisse nach Möglichkeit zu umgehen. Tunnels, Galerien und Brücken wurden nur gebaut, wenn es gar nicht weiterging, und auch dann nur mit einfachsten Mitteln. Natürlich bekamen die Strecken dadurch sehr viele und oft enge Kurven, aber dafür waren die Baukosten auch niedrig. Die Schätzungen bewegen sich bei einem Drittel oder noch weniger der Summen, die etwa in England unter ähnlichen Umständen ausgegeben wurden.
Natürlich konnte dabei nicht im entferntesten so solide gebaut werden wie in Europa. Schotterbett und steinerne Brücken gab es nicht. Schwellen und Schienen wurden meist einfach auf den Boden gelegt. Verbessern würde man dann später, wenn die Sache erst einmal Geld einbrachte, sagten die Amerikaner in ihrem praktischen Geschäftssinn. Und so war es kein Wunder, daß die Gleise oft nach Regengüssen erst wieder repariert werden mußten, weil sie unterspült worden waren. Man kann sich vorstellen, daß es nicht selten zu Entgleisungen und lästigen Aufenthalten kam.
Diese Aufenthalte waren um so unangenehmer, weil die Indianer sich noch lange Zeit nicht damit abfinden konnten, daß die Bleichgesichter in immer größeren Massen in ihr Gebiet strömten.
Dabei erfolgte auch das völlig sinnlose Abschlachten ganzer Büffelherden, die bisher die Ebenen bevölkerten. Zu Hunderten und Tausenden wurden die Tiere »aus Sport« von den Weißen zusammengeschossen. Oft machten diese sich dabei nicht einmal die Mühe, auch nur vom Zug auszusteigen.
Dabei waren die Büffel – richtiger: Bisons – für die Indianer so wichtig. Die Bisons lieferten Nahrung, Kleidung, Zaumzeug und Satteltaschen, Schuhe, Pfeilspitzen, Bogensehnen und vieles andere. Die Indianer jagten stets nur so viele, wie sie brauchten. Und das waren im Verhältnis zu der großen Menge der Tiere nur wenige. Dagegen schätzt man, daß die Weißen rund

Ost und West haben sich am Promontory Point nahe Ogden getroffen. Am 10. Mai 1869 werden die letzten Gleise verlegt. Die beiden letzten Nägel sind – wohlweislich nur vorübergehend – aus Gold.

Am billigsten fahren die Tramps!

40 Millionen Bisons umgebracht haben, nachdem die Eisenbahn ins Land gekommen war. Nur so zum Vergnügen – und natürlich auch, um den Indianern zu schaden. So wurde die Eisenbahn für die Rothäute zu einem großen Unglück.
Natürlich baute man in den USA zur gleichen Zeit im ganzen Land noch an vielen anderen Strecken. An diesen neuen Bahnlinien entstanden eine Ortschaft und eine Stadt nach der anderen mit Kaufläden, Werkstätten, Saloons, Spielhöllen und was eben sonst noch alles zu einer Western-Ansiedlung gehört, wie auf der übernächsten Seite eine abgebildet ist. Oft aber

blieb es auch nur bei ein paar schäbigen Holzbuden, die bald wieder verlassen wurden.

Die Fahrzeit von Küste zu Küste dauerte normalerweise acht Tage und acht Nächte, sofern die Fahrt ohne unvorhergesehene Aufenthalte – Überfälle, viel öfter durch weiße Gangster als durch Indianer, Unwetter, Entgleisungen oder streikende Loks – verlief. Die Amerikaner waren sehr erfinderisch. Schon sehr früh hatten sie vorne an die Lokomotiven Laternen montiert, die bei Nacht die Strecke erleuchteten. Vorher hatte man zu diesem Zweck manchmal Güterwagen mit offenem Feuer darauf vor der Lok herge-

Der Bahnhof von Stratford im US-Staat Connecticut. Gemälde von O.F.Henry, 1867.

schoben. Auch die Glocke als Warnsignal – neben der Dampfpfeife – stammt aus dieser Zeit.
Weil trotz hoher Kamine ständig Funken auf die Fahrgäste oder ins oft dürre Steppengras flogen, baute man die Schornsteine in der seltsam kegelförmigen Weise. Diese Art Funkenfänger war für die amerikanischen Lokomotiven lange Zeit typisch. Ebenso typisch war das seltsame Gitter, das die Maschinen vor ihren Vorderrädern hatten. Es war dies der »Kuhfänger«. Er hatte die Aufgabe, Vieh, Bisons und andere Hindernisse kurzerhand vom Gleis zu räumen.
Die kleinen Laufräder der Lokomotiven wurden bald in bewegliche Drehgestelle montiert. Die Loks fuhren damit erheblich sicherer durch die oft engen Kurven.

Links: Der große Bison-Mord. – *Unten:* So sah es um 1870 im Wilden Westen aus.

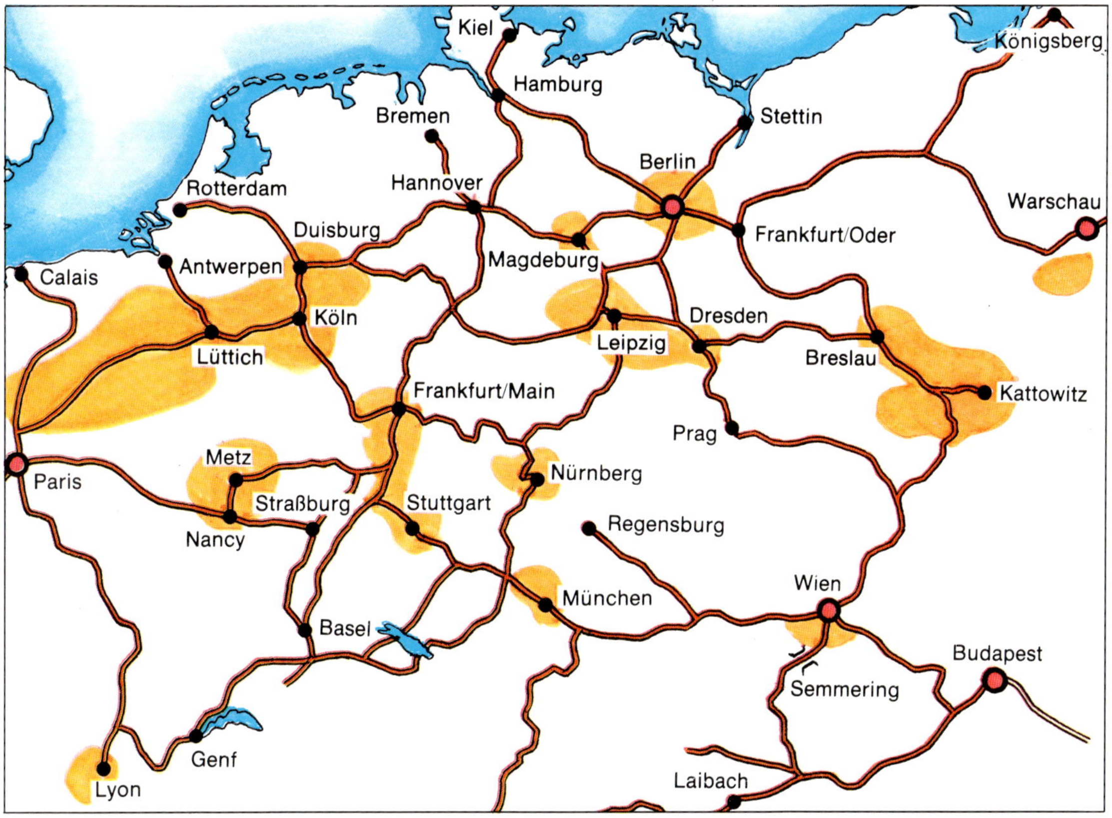

Die Hauptstrecken Mitteleuropas um 1865. Dazu gibt es bereits ein dichtes Netz von Nebenstrecken. Die farbigen Flächen zeigen die Schwerpunkte der Industrialisierung.

Ein Netz über Europa

Auch in der Alten Welt, in Europa, war man nicht müßig gewesen. Die vielen kurzen Einzelstrecken, die in der ersten Zeit überall gebaut worden waren, wuchsen in der Zeit von etwa 1850 bis 1880 immer mehr zusammen. Ein großes Netz von Eisenbahnlinien bedeckte allmählich alle Länder unseres Erdteils von Frankreich nach Rußland und von Skandinavien nach Italien ebenso wie die Britischen Inseln.

Wie in Amerika entstanden auch bei uns durch die Eisenbahn ganz neue Städte. Oberhausen im Ruhrgebiet zum Beispiel, heute eine Großstadt, wuchs geradezu aus dem Nichts. Da waren Kiefern- und Birkengehölze in sandiger Heide. Für uns Heutige muß diese Landschaft sehr schön gewesen sein. Dann reifte der Plan, hier eine Eisenbahnlinie zu verlegen. Irgendein Punkt in der Gegend wurde zum Bahnhof bestimmt. Vielleicht sollten sich hier zwei Linien vereinigen. Oft lag auch ein solcher Punkt günstig zwischen verschiedenen Orten, die alle miteinander einen Bahnhof haben wollten oder bekommen sollten.

Ein kleines Empfangsgebäude wurde errichtet, dazu Lokomotivschuppen mit Drehscheibe, Wasserturm, Bekohlungsanlage, eine Werkstatt und ein paar Nebengleise – fertig war die Bahnstation. Es kamen Häuser dazu für das Bahnpersonal, eine »Restauration« – eine Gaststätte also –, eine Fabrik. Und immer mehr Häuser. Das Bild unten zeigt eine solche »mechanische Werkstätte«.

Unbedeutende Kleinstädte wie Bochum, Dortmund und Essen gewannen plötzlich an Bedeutung. Großstädte wuchsen heran: Berlin hatte 1845 nur 300000 Einwohner. 40 Jahre später waren es mehr als viermal

Eine »mechanische Werkstätte« an der Ruhr. Mit dem Aufkommen der Eisenbahn schossen solche Fabriken wie Pilze aus dem Boden.

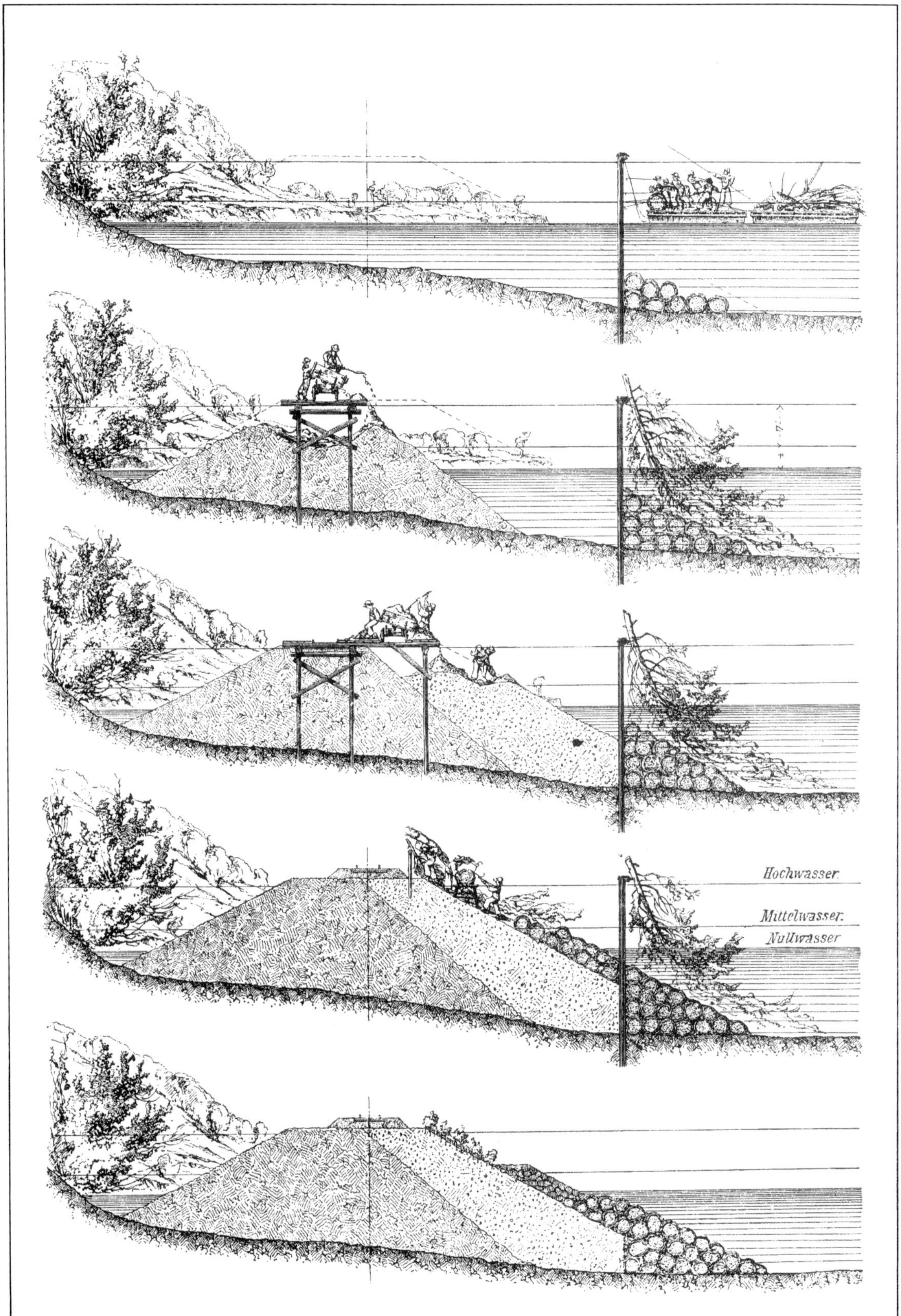

»Ausführung eines Bahndammes unter schwierigen Verhältnissen.« Österreichische Darstellung von etwa 1890.

Gewaltige Eingriffe veränderten das Gesicht der Landschaft. Hügel und Berge wurden durchstochen, Senken mußten mit oft mächtigen Bahndämmen aufgeschüttet werden.

Oben: Grabung des Einschnitts Gabelbach-Gereuth auf der Strecke Augsburg–Ulm um 1850. – *Rechts:* Lehrhafte Darstellung vom Bau einer Strecke um 1870. – *Unten:* Aufschüttung eines Bahndamms bei Apolda in Thüringen im Jahr 1846.

Bahndamm in einer österreichischen Voralpenlandschaft.

»Eine Bahnlinie, die ihre Landschaft nicht schmükket, mag wohl als praktisch gelten können, aber Vollendung wird ihr der Betrachter nicht zugestehen. Der Techniker muß zuerst ein Künstler seyn...«
Karl Ritter von Ghega, Erbauer der Semmeringbahn.

Auch breite Flüsse bilden kein Hindernis.

soviel: 1266245! Bebra bei Kassel und Mühlacker zwischen Stuttgart und Pforzheim, vor der Eisenbahnzeit unbekannte Dörfchen, wurden in wenigen Jahren wichtige, vielgenannte Knotenpunkte und Eisenbahnerstädte, an denen Strecken aus verschiedenen Richtungen zusammentrafen. Ähnlich verhielt es sich mit Treuchtlingen in Bayern, mit Kreiensen in Niedersachsen, wo ein riesiger Wartesaal heute noch daran erinnert, daß einst Hunderte von Reisenden »abgespeist« werden mußten. Auch Schneidemühl im heutigen Polen gehört zu dieser Aufzählung, die man noch fortsetzen könnte.
Sogar in unserem Jahrhundert wiederholte sich Ähnliches. In Oberschlesien entstand ab 1934 bei dem winzigen Ort Kandrzin einer der größten Bahnhöfe für Güterverkehr im damaligen Deutschen Reich. Wenige Jahre später hatte die dort neu entstandene Eisenbahnerstadt Heydebreck über 6400 Einwohner. Oberschlesien, seit Ende des Zweiten Weltkrieges polnisch, war damals neben dem Ruhrgebiet und dem Saarland Deutschlands wichtigstes Kohlenrevier und Industriegebiet.

Nicht nur Städte entstanden oder wandelten ihr Gesicht. Auch die Landschaft wurde neu geprägt. Im Hügel- oder Bergland sieht man, wie Einschnitte in Hügel mit dammartigen Aufschüttungen abwechseln. Solche Veränderungen fallen meist kaum mehr auf, da die Natur durch Bäume, Sträucher oder auch nur durch Grasbewuchs die Eingriffe durch Menschenhand längst in sich aufgenommen hat. In weiten und engen Bögen passen sich die Schienenwege Senken und Erhebungen an. Sie folgen dabei stets der Notwendigkeit, Höhenunterschiede gleichmäßig zu bewältigen. Das mußte ganz selbstverständlich elegant und harmonisch erfolgen.
Je größer die Höhenunterschiede, desto schwerer waren solche Aufgaben zu lösen. Es ist 120 Jahre

Rechte Seite oben: In der Schweiz begann der Bahnbau etwas später. Erst 1847 wurde in Zürich die erste Strecke eröffnet. Dann aber wurde das Land trotz seiner vielen Berge gut erschlossen. Heute hat es ein elektrifiziertes Netz von, einschließlich der Privatbahnen, fast 5000 km.
Unten: Ab 1871 dampften Züge über die Alpen. Die Mont-Cenis-Strecke zwischen Frankreich und Italien wurde mit einem 12,8-km-Tunnel eröffnet.

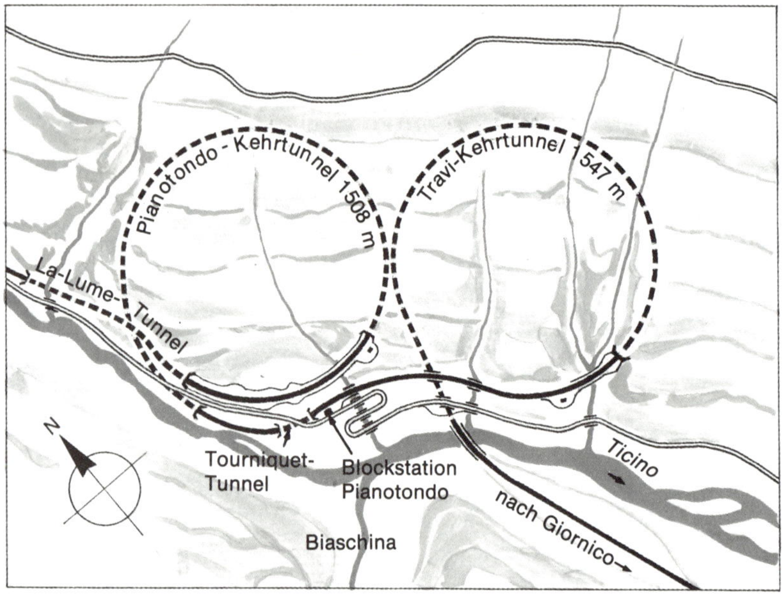

Oben: Die Gotthardbahn klettert auch im Innern des Berges: Pianotondo- und Travitunnel. – *Unten:* Alte Darstellung des großen Viadukts der Gotthardstrecke über dem Eingang zum Maderanertal.

her, daß man 1871 in den Alpen die Strecke über den Mont Cenis zwischen Frankreich und Italien fertiggestellt hat. Das letzte Stück wurde mit einem beinahe 13 Kilometer langen Tunnel in nahezu 1300 Meter Höhe bewältigt.

Ein Jahr danach begann in der Schweiz die Arbeit am Sankt Gotthard, dem uralten Verbindungsweg nach Italien. Auch bei dieser schwierigen Strecke nutzte man jede Möglichkeit, um die Steigungen künstlich zu verlängern. Serpentinen wurden angelegt. Man wich in Seitentäler aus und baute Kehren und Schleifen. Als es so nicht mehr weiterging, kam man auf etwas, das man eher einem gewieften Modellbahnbauer unserer Tage zutrauen würde: Man ging »einfach« in den Berg hinein. Im Fels wurden riesige Tunnelspiralen hochge-

Oben: Schweizer Vierzylinder-Lokomotive aus dem Jahr 1902. Solche Lokomotiven wurden auf der Simplonstrecke eingesetzt. – *Mitte:* Für eine Strecke von 14,6 km verschwinden hier die Züge im schweizerischen Lötschbergtunnel. *Unten:* Eine E-Lok auf der Meterspur der Rhätischen Bahn.

zogen. Die Strecke verschwand in einem Tunneleingang und kam in Kirchturmhöhe darüber wieder aus dem Berg heraus. So konnten Hindernisse, die eigentlich unüberwindlich schienen, mit einer Steigung bezwungen werden, die von Lokomotiven gerade noch zu schaffen war.
Zum erstenmal setzte man eine Art Preßluftbohrer ein und kam mit dieser Hilfe mehr als doppelt so schnell durchs Gestein. Bisher hatte man etwa 75 Zentimeter pro Tag bewältigen können. Am Gotthard waren es 80 Tunnels mit insgesamt 56 Kilometer Länge, darunter sieben »Kehrtunnels«. 177 Menschen fanden durch Wassereinbrüche und stürzende Gesteinsmassen den Tod. Neben der Schweiz beteiligten sich auch Deutschland und Italien an diesem Bau, der so zu einem europäischen Gemeinschaftswerk wurde.
Später folgte mit dem bis vor kurzem längsten Tunnel (19,8 km) die Simplonbahn als weitere Verbindung mit Italien sowie der 14,6 Kilometer lange Lötschbergtunnel. So wurde die Schweiz zum tunnelreichsten Land. Allerdings hat Japan der Schweiz in puncto Tunnellängen den Rang abgelaufen. Seit 1978 verfügt es über einen 22 Kilometer langen Tunnel und seit 1987 über einen knapp 54 Kilometer langen Unterwassertunnel. Ein Unterwassertunnel mit rund 50 Kilometer Länge ist zwischen Frankreich und England im Bau.
Damit die gewaltigen Steigungen überhaupt befahren werden konnten, wurden immer größere und stärkere Lokomotiven gebaut mit vielen angetriebenen Rädern. Und die Leistung, mit der die Loks Bergstrecken bezwangen, konnte natürlich auf dem flachen Land in größere Geschwindigkeit umgesetzt werden. Dabei kam es nicht selten zu Unfällen – zumal es mit den Bremsen noch nicht besonders weit her war.

Die wichtigsten Alpentunnels

Bauzeit	Länge in km	Scheitelhöhe in m über Meeresspiegel	
Mont Cenis 1857/71	12,8	1298	Frankr./Ital.
St. Gotthard 1872/82	15,0	1154	Schweiz
Arlberg 1880/84	10,3	1310	Österreich
Simplon I 1898/1906	19,8	705	Schw./Ital.
Simplon II 1912/22	20,1	705	Schw./Ital.
Tauern 1906/09	8,5	1226	Österreich
Lötschberg 1906/13	14,6	1240	Schweiz

Oben: Eine der starken österreichischen Tenderloks der Baureihe 78 in Hieflau auf der Strecke Amstetten–Selzthal. Tenderloks führten ihren Wasservorrat in Behältern zu beiden Seiten des Kessels mit. Der Kohlentender war direkt am Führerhaus angebaut.

Linke Seite: Man spürt förmlich die Kraft, mit der diese Zahnrad-Tenderlok der Österreichischen Bundesbahnen (ÖBB), Jahrgang 1893, bis 1978 ihre Wagen zog und schob. Pünktlich und zuverlässig versah sie ihren Dienst am steirischen Erzberg.

Rechts: Zwei elektrische Triebwagen mit dem früheren Zeichen der ÖBB. Das heutige Emblem ist auf Seite 49 zu sehen.

Österreich verfügt über viel Wasserkraft und damit über verhältnismäßig billige Energie. Weit über die Hälfte des 5400-km-Netzes sind elektrifiziert. Bei den Fahrzeugen wird darauf geachtet, daß sie auch in den vielen und oft engen Kurven zügig fahren können. Ein solches Fahrzeug ist der Triebkopfzug der ÖBB-Baureihe 4010 von 1965, der bis zu vier Mittelwagen hat. Auf dem Bild oben ist er mit dem Steuerwagen 6010 zu sehen, und zwar als Transalpin-Expreß am Arlberg 1966.

Zwanzig Jahre später: EuroCity-Expreß »Franz Schubert« bei Wald am Arlberg, voraus eine in Österreich gebaute Thyristorlokomotive der Baureihe 1044 von 1974, die sich auch im Güterverkehr bewährt.

»Bremserhäuschen«, dargestellt an Modellbahnwagen.

Bremsen

Ein Fahrzeug ist nie besser als seine Bremsen. Ursprünglich wurde vor allem durch die Lokomotive gebremst. Zudem saßen auf einem oder mehreren Wagen – ähnlich wie bei der Kutsche – Bremser, welche die Bemühungen des Lokführers unterstützten. Wann gebremst werden mußte, teilten Pfeifsignale von der Lokomotive her mit. Andererseits verständigten die Bremser durch Hornsignale den Lokführer, wenn sie die Notwendigkeit zum Bremsen erkannten.

In Personenwagen saßen die Bremser außen auf Dächern und Plattformen – oder zusammen mit den Fahrgästen. Nur den Passagieren der »1. Classe« mutete man die Begegnung mit dem gewöhnlichen Volk nicht zu. Häufig mußten Bremser sogar von Wagen zu Wagen klettern, um überall die Bremsspindeln zu betätigen. Vor steilen Gefällen hielt man und zog erst einmal die Bremsen an. Später wurden dann Wagen mit außen an der Schmalseite angebrachten »Bremserhäuschen« gebaut.

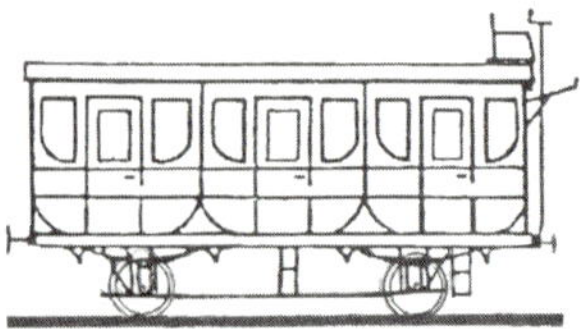

Bremsersitz auf dem Wagendach.

Das Handbremswesen hatte natürlich große Schwächen. Einmal war es für den Bremser sehr gefährlich, auf dem fahrenden Zug herumzuklettern. Es kam dabei immer wieder zu Unfällen. Auch mag bei großer Kälte manch armer Teufel in seinem natürlich ungeheizten Häuschen erfroren sein.

Oft waren die paar Handbremsen überhaupt zu schwach, um einen Zug schnell genug anhalten zu können, der vor allem in voller Fahrt eine gewaltige Schubkraft hatte. Dazu dauert eine Bremsung auf den glatten Schienen und mit eisernen Rädern viel länger als zum Beispiel bei einem Auto mit seiner Gummibereifung auf der Straße. Güterzüge durften deshalb in der Regel nicht schneller fahren als 30 km/h, höchstens aber 45 km/h.

Da kam 1867 der Amerikaner Westinghouse auf eine ebenso kluge wie einfache Idee: Jeder Wagen eines Zuges erhielt einen Preßluftbehälter und einen Zylinder mit einem Kolben, der über ein Gestänge mit den Bremsklötzen an jedem Rad verbunden war. Durch den ganzen Zug wurde eine Rohrleitung geführt und mit den Preßluftbehältern der Wagen verbunden. Diese »Hauptluftleitung« stand ebenfalls unter dem Druck der Preßluft, die in der Lok durch eine Dampfpumpe erzeugt wurde.

Der Bremsvorgang lief dann so ab: Der Lokführer betätigt ein Bremsventil. Dadurch wird der Druck in der Hauptluftleitung geringer. Durch die Druckänderung werden in allen Wagen Steuerventile betätigt, welche die einzelnen Druckluftbehälter öffnen und über die Bremszylinder das Gestänge mit den Bremsklötzen betätigen. Der ganze Zug wird somit gebremst.

Auch wenn ein Teil des Zuges sich selbständig machen sollte, treten alle Bremsen automatisch in Tätigkeit. Wenn nämlich die Hauptluftleitung reißt, fällt der Druck genauso, wie wenn der Lokführer das Bremsventil betätigt. Der nachlassende Druck löst in jedem Fall die Bremsung aller Wagen aus. Man nennt dies die »selbsttätige Druckluftbremse«. Sie wird auch betätigt, wenn jemand eine der Notbremsen zieht, die sich in jedem Abteil befinden.

Wie notwendig es gewesen wäre, diese zuverlässige Sicherung überall so schnell wie möglich einzuführen, zeigte sich 1889 in Irland. Eine mit vielen hundert Kindern besetzter Ferienzug mußte an einer größeren Steigung geteilt werden. Die Lok war zu schwach, um den ganzen Zug auf einmal die Anhöhe hinaufzuziehen.

Plötzlich begann der hintere Teil des Zuges die bereits bewältigte flachere Steigung wieder hinabzurollen. Schneller und immer schneller jagten die Wagen zu

Die selbsttätige Druckluftbremse.

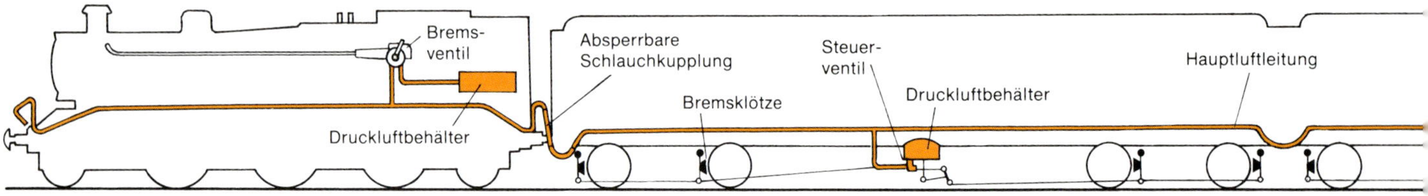

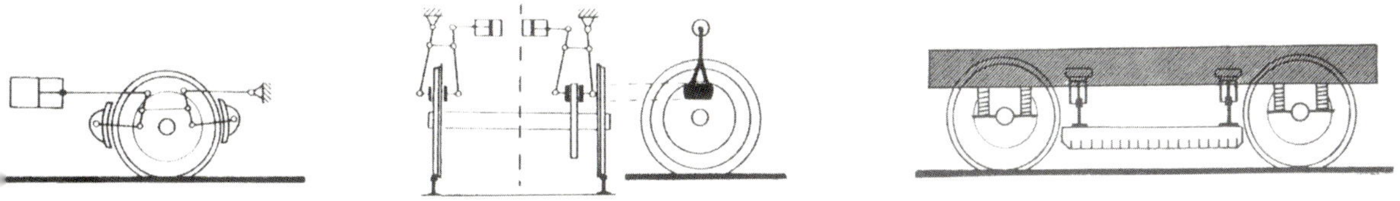

Klotzbremse, Scheibenbremse und Magnetschienenbremse.

Tal. Nichts konnte sie aufhalten, bis sie schließlich mit unbeschreiblicher Wucht in den nachfolgenden fahrplanmäßigen Zug hineinkrachten. Es gab 78 Tote und sehr viele Verletzte, in der Mehrzahl Kinder, die Opfer der Katastrophe wurden.

In der Folgezeit ging man überall nach Kräften daran, die automatische Druckluftbremsung einzuführen. Sie ist, mit allerlei Verbesserungen, vor allem auch durch abgestufte Reguliermöglichkeit, die heute noch allgemein übliche Art der Bremsung.

Für über 160 km/h schnelle Fahrzeuge und für solche des Nahverkehrs, bei denen man in der Lage sein muß, sehr schnell bremsen zu können, sind zusätzlich Magnetschienenbremsen eingebaut. Diese werden auf die Schiene abgesenkt, wo sie sich magnetisch festsaugen.

Zeitgenössische Darstellung des Zugunglücks bei Armagh in Irland im Jahr 1889.

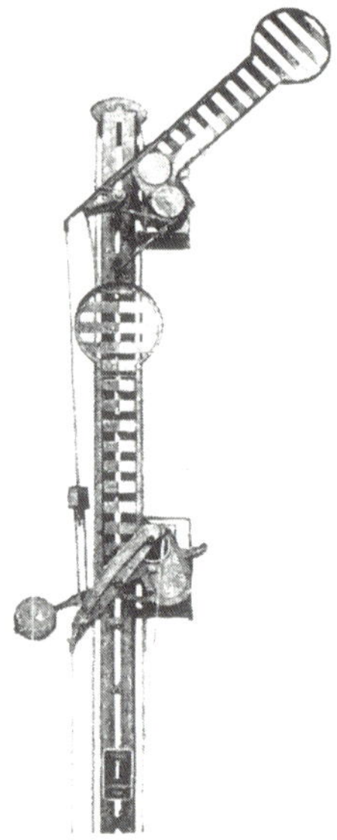

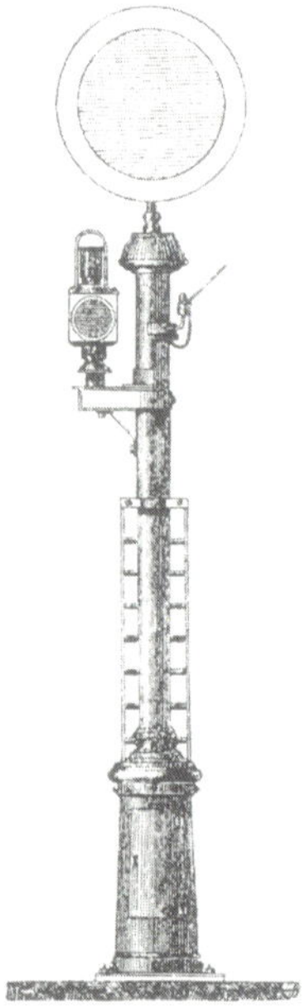

Rechte Seite: Die altvertrauten Formsignale mit ihren beweglichen Balken oder beweglicher Scheibe – *oben* Signale von 1890 – sind bereits weitgehend durch Lichtsignale abgelöst. Diese sind einfacher zu handhaben und zeigen bei Tag und Nacht das Signalbild auf gleicher Weise.

»Blockkasten« von 1890. Sobald ein Zug diese Blockstelle passiert hatte und das entsprechende Signal wieder auf »Halt« stand, konnte durch Rückmeldung über die Taste »Von Planegg« das Ausfahrsignal im Bahnhof Planegg wieder auf »Fahrt frei« gestellt werden.

Signale und Blocksystem

Eine weitere Sicherungseinrichtung wurde in jener Zeit ebenfalls verstärkt eingeführt: die »Signale« und das »Blocksystem«.

In der ersten Zeit gab man Signale, also Zeichen für »Fahrt frei«, »Halt«, »Langsam fahren« und so weiter, durch Pfeifen, Signalhörner und Fähnchen. Zu diesem Zweck wurden entlang von wichtigen Strecken Wärter postiert, die solche Signale weitergaben. Trotz der zahlreichen Streckenwärterhäuschen kam man bald wieder davon ab. Bei Regen und Sturm nämlich war dieses Verfahren des Zeichengebens zu unzuverlässig. Und außerdem benötigte es eine Unmenge von Menschen. Man ging deshalb zu »optischen« Zeichen über, also zu Signalen, die man von weitem erkennen konnte. Sie hatten schon sehr früh die Form, wie sie noch heute anzutreffen ist: »Hauptsignale«, die ihre Zeichen mit ausgestrecktem Querbalken geben. Bei Nacht kamen dann die rote Lampe für »Halt« und die grüne für »Freie Fahrt« hinzu – wie später bei den Verkehrsampeln.

Mit diesen Signalen teilte man die Strecke in bestimmte Abschnitte, in »Blöcke«: Ein Signal sichert jeweils den nächsten Blockabschnitt. Es kann erst geöffnet werden, wenn ein Zug diesen nächsten Blockabschnitt bereits verlassen hat. Damit wird verhindert, daß sich mehr als ein Zug in einem Blockabschnitt befindet. Bei eingleisigen Strecken sorgen die Signale dafür, daß sich nicht zwei Züge begegnen oder gar aufeinanderstoßen.

Man ergänzte die Sicherheitsvorkehrungen zunächst durch Läutewerke und dann durch den elektrischen Morsetelegraphen, dessen Masten und Leitungen bald alle größeren Bahnlinien begleiteten. Obwohl auch das Telefon bald zum wichtigen Hilfsmittel wurde, behielt man den Morsetelegraphen bei uns bis 1953 bei. Er hatte den Vorteil gegenüber dem Telefon, daß die Mitteilungen schriftlich vorlagen, Hörfehler und Mißverständnisse weitgehend ausgeschaltet waren.

Da wegen der relativ langen Bremswege die Hauptsignale nicht rechtzeitig erkannt werden konnten, andererseits die Züge bei »Halt« noch vor dem Hauptsignal zum Stehen kommen mußten, wurden seit etwa 1870 auch »Vorsignale« eingeführt, die im Bremswegabstand vor dem Hauptsignal deren Signalstellung bereits anzeigen.

Auf Hauptstrecken beträgt heute der Abstand zwischen Vorsignal und Hauptsignal 1000 Meter. Auf dieser Strecke kann ein Güterzug mit 80 oder 100 km/h und ein Reisezug mit 160 km/h zum Halten gebracht werden.

Bei höheren Reisezuggeschwindigkeiten reicht dieser Signalabstand allerdings nicht mehr aus. Hier kommt die sogenannte Linienzugbeeinflussung (LZB) zum Einsatz. Über einen Linienleiter, der im Gleis verlegt ist, bekommt der Lokführer laufend Informationen auf ein Anzeigegerät. So erfährt er schon im voraus, wie die Signale in 5, an den Neubaustrecken sogar in 12 Kilometer Entfernung gestellt sind, also Signale, die er mit dem bloßen Auge noch gar nicht sehen kann.

Führerstand einer E-Lok der Baureihe 103 mit LZB-Anzeigegerät und Fahrschalterhandrad.

71

Signale und Zeichen bei der Deutschen Bundesbahn

Alle Strecken sind durch ein umfangreiches System von Signalen gesichert. Es erlaubt Zuggeschwindigkeiten bis 160 km/h, bei normalen Güterzügen bis 80 km/h. Bei größeren Geschwindigkeiten sind die Bremswege zu lang. An dafür vorgesehenen Strecken muß ein neues Signalisierungssystem mit entsprechend längeren Abständen eingeführt werden. Alle Signale stehen normalerweise rechts vom Gleis. In Ausnahmefällen können Signale auch in verkleinerter Form aufgestellt sein (Zwergsignale). Viele Hauptsignale an freien Strecken haben nur den oberen Flügel, wenn ein Langsamfahrgebot nicht notwendig ist.

Signalmasten

Bei gestörtem Signal nur auf schriftlichen Befehl des Fahrdienstleiters weiterfahren.

Nur auf Sicht weiterfahren, wenn Verständigung mit dem Fahrdienstleiter nicht möglich.

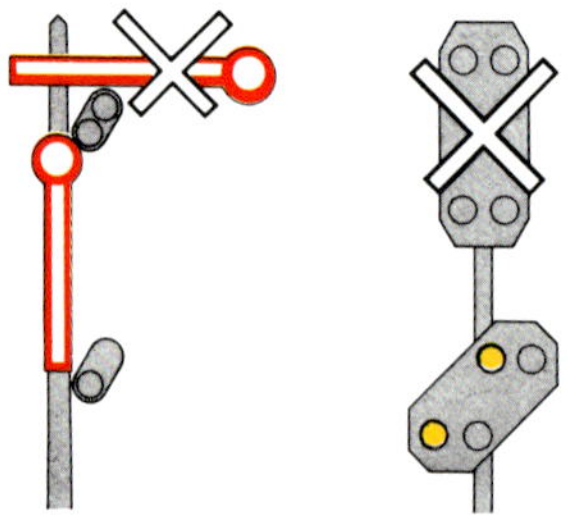

Durch weiße Kreuze gekennzeichnete Signale sind (zur Zeit) ungültig.

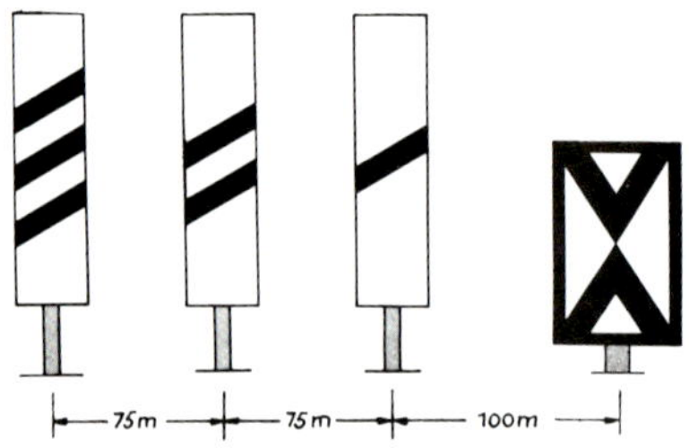

Vorsignalbalken kündigen ein Vorsignal an. Die Tafel mit den Winkeln steht direkt beim Vorsignal.

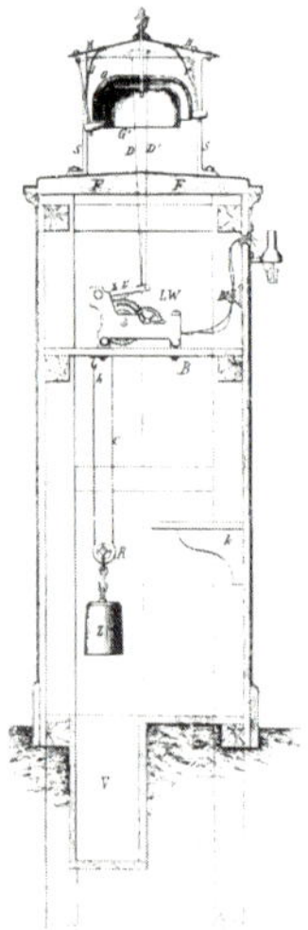

Läutewerk um 1865.

Vorsignale

Tag — Nacht — Lichtsignal

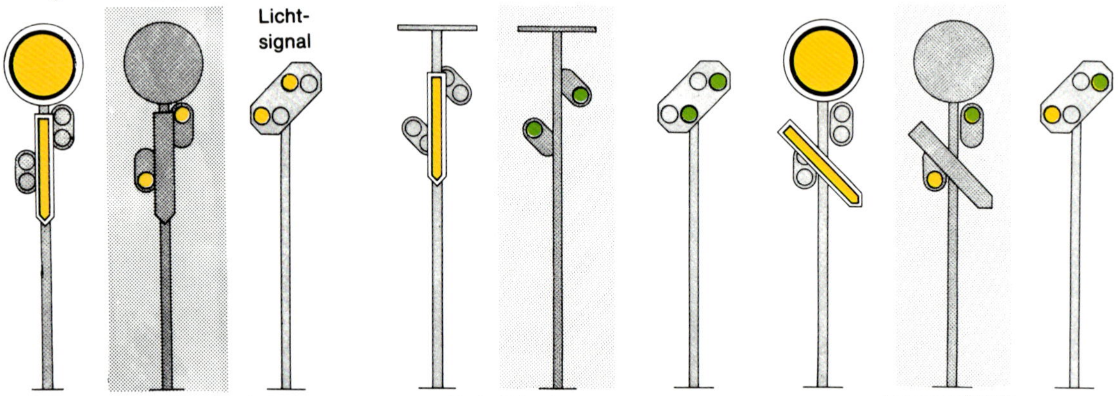

Achtung, *Hauptsignal* steht auf: Halt! — Freie Fahrt! — Langsamfahrt!

Hauptsignale

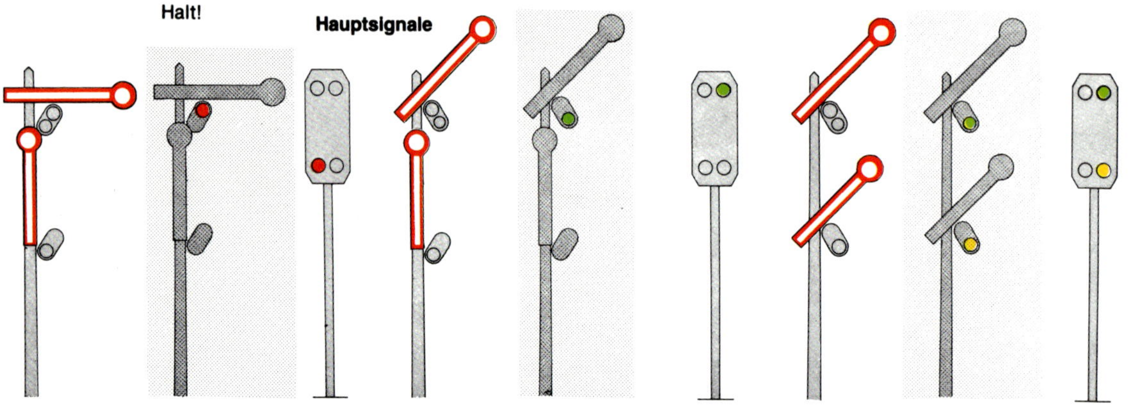

Signalbrücke. Zeichnung von Hans Baluschek um 1930.

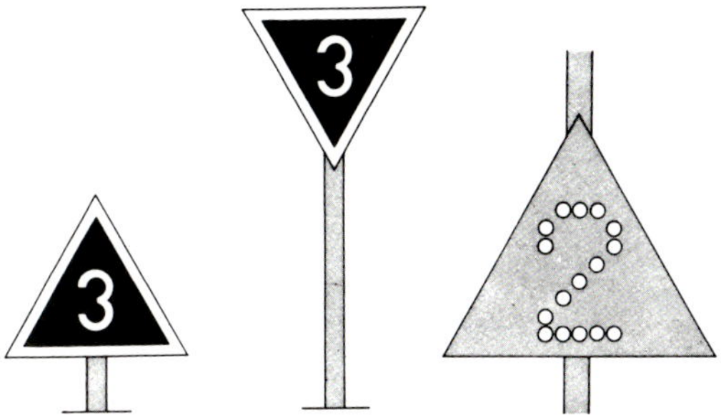

Geschwindigkeitsanzeiger: Hier nur 30 km/h bzw. 20 km/h zugelassen

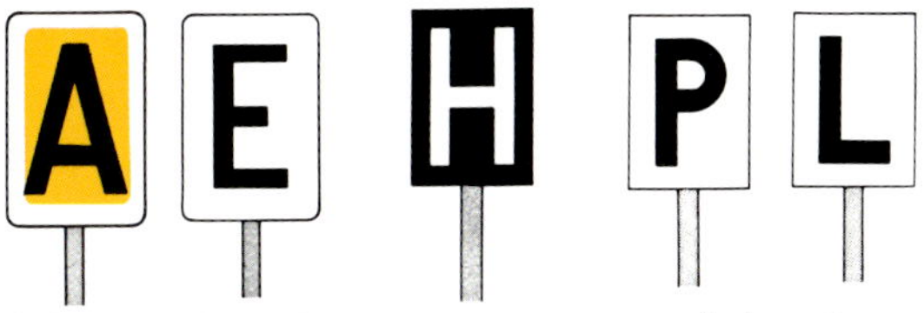

Anfang und Ende einer vorübergehenden Langsamfahrstelle

Lok muß pfeifen läuten

Abfahrtsignal (bei Nacht grünes Licht)

Abfahrtsignal

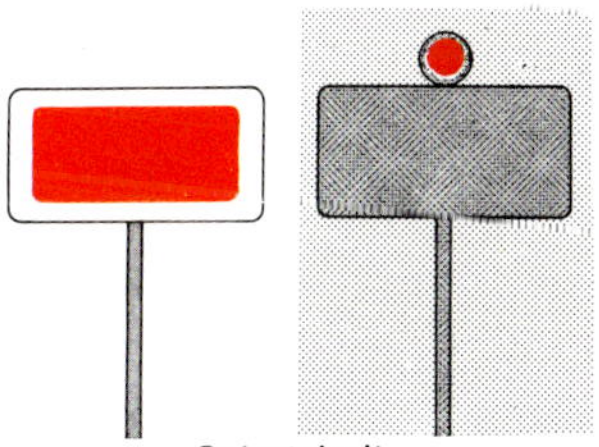

Schutzhalt (Abschlußsignal) bei Tag bei Nacht

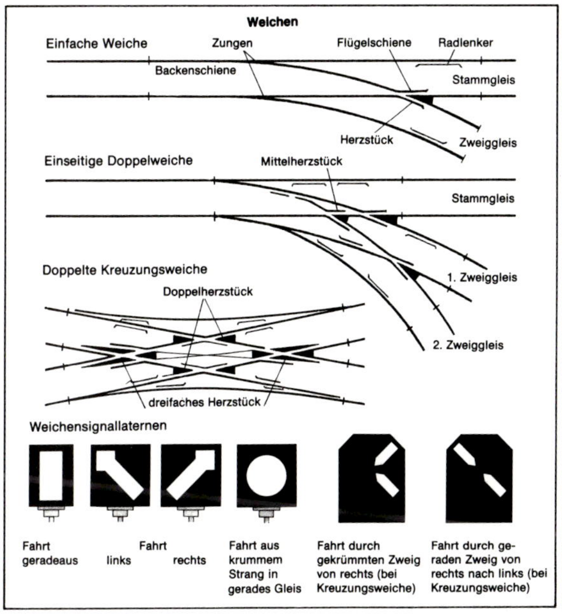

Spitzensignal (bei Tag und bei Nacht)

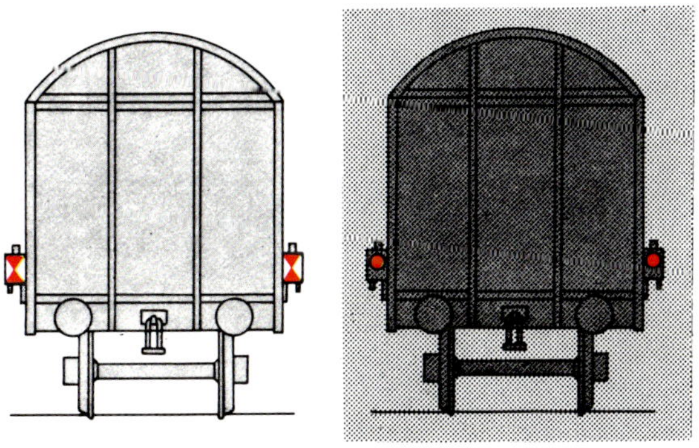

Schlußsignal

bei Tag bei Nacht

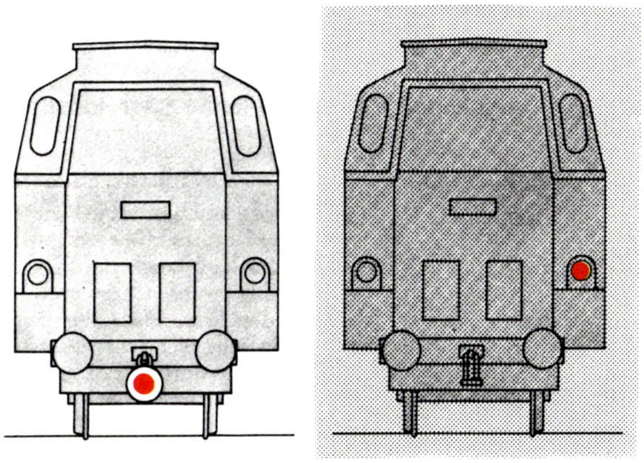

Vereinfachtes Schlußsignal

bei Tag bei Nacht

Hauptsignal der Königlich Bayerischen Staatsbahn. Es war noch bis etwa 1979 zu sehen.

Oben: Der erste Pullman-Wagen »Pioneer« von 1858. – *Unten:* So sah es in einem frühen Pullman-Wagen aus. Der Spucknapf vor jedem Sessel durfte niemals fehlen. – *Rechts:* Wiederhergestellter englischer Schnellzug von 1880, der zwischen London und Edinburgh verkehrte.

Schnellzüge und Luxuswagen

Es ist klar, daß mit den schnelleren Lokomotiven auch die Züge und die einzelnen Wagen größer und bequemer werden mußten. In den USA zum Beispiel gab es ab 1858 die nach ihrem Erfinder genannten »Pullman-Wagen«. Das waren sehr luxuriös ausgestattete Schlafwagen. Sie hatten kaum mehr Ähnlichkeit mit den kerzenbeleuchteten 1.-Klasse-Wagen der Frühzeit. Zu diesen Schlafwagen, die bald auch in Europa eingeführt wurden, kamen die »Salonwagen« vor allem für »Höchste und Allerhöchste Persönlichkeiten«, für Fürsten, Könige und Kaiser, wie sie noch im vorigen Jahrhundert in fast allen Ländern Europas regierten. Wir erinnern uns, daß die frühen Eisenbahnwagen den Postkutschen ähnelten und daß jedes Abteil mit eigenen Türen versehen war. Nun fing man allmählich an, Wagen zu bauen, die nur noch an den Enden Türen hatten und deren Abteile an der Seite durch einen Gang verbunden waren. Die Übergänge zwischen den einzelnen Wagen wurden mit ziehharmonikaförmigen

123

»Faltenbälgen« verkleidet, so daß man geschützt und trocken von einem Wagen zum andern gehen konnte. Man nannte sie »Durchgangswagen« oder kurz »D-Wagen«. Die schnellen Züge, für die man diese Wagen verwendete, waren die »D-Züge«. Diese Bezeichnung für Schnellzüge gibt es heute noch. Erst in unseren

Oben und unten: Speisewagen des berühmten Orientexpreß um 1900. Um dem Reisepublikum reichlich Platz bieten zu können, war der Raum für Küche und Vorräte sehr beschränkt.

Rechts: Der kostbar ausgestattete Salonwagen des Großherzogs von Luxemburg ist im französischen Eisenbahnmuseum in Mühlhausen zu sehen.

Rechts oben: Salonwagen der englischen Königin Victoria um 1885. – *Rechts Mitte:* Englischer Salonwagen um 1900. – *Unten:* Englischer Speisewagen – 3. Klasse – aus derselben Zeit.

»Im Abteil« nannte der Maler Albert Hendschel diese vergnügliche Darstellung (um 1870).

»Von Petersburg nach Paris, erste Klasse, Schlafwagen, Kurierzug, das ist ein Kinderspiel, aber von Lambach nach Gmunden im Bummelzug, das übersteigt die menschlichen Kräfte.« So stöhnte der Schriftsteller Hermann Bahr 1891. Ein Jahr zuvor hatte Julius Exner sein »Abteil 3. Klasse« gemalt *(unten)*.

1.-Klasse-Fahrt um 1900. *Rechts daneben:* Ulanen werden zur Fahrt ins Manöver verladen; Zigaretten-Bilderdienst der dreißiger Jahre.

Der Orientexpreß war der berühmteste aller Luxuszüge. Er verkehrte seit 1883 zwischen Paris und Konstantinopel/Istanbul: Abfahrt in Paris um 1935. Wenige Jahre später kam mit dem Zweiten Weltkrieg und dem nachfolgenden Eisernen Vorhang zwischen Ost und West das Ende dieses internationalen Reisezuges.

Oben: 1957 leiteten die Trans-Europ-Express (TEE)-Dieseltriebzüge der Baureihe 601 – im Bild links – eine neue Zeit des schnellen Reiseverkehrs ein. Bis 1979 wurden sie auch im InterCity (IC)-Verkehr verwendet. Lange Zeit noch als Sonderzüge eingesetzt, sind sie nun ausgemustert. – Die E-Lok der Baureihe 111 ist seit 1974 eine Maschine vor allem für Reisezüge.

Oben: Eine E-Lok der Baureihe 103 passiert um 1970 mit einem Auto-Reisezug Aschaffenburg. Auto-Reisezüge gibt es bei der DB seit 1956. Man wollte wenigstens einen Teil der anschwellenden Ferien-Reiseflut auf die Schiene bekommen.

Rechts: Eine tschechoslowakische dieselelektrische T-478-Lok verläßt Prag mit einem Reisezug. Aufnahme um 1970.

Speisewagen der »Compagnie Internationale des Wagons Lits« in den siebziger Jahren beim Aufenthalt im italienischen Verona.

Tagen wird der D-Zug durch den InterRegio allmählich abgelöst.
Der erste Schnellzug in Deutschland fuhr 1851 auf der Strecke Berlin–Cöln. (Köln schrieb man damals und noch lange danach mit C.) Der berühmteste Luxuszug war der »Orientexpreß«. Seit 1883 brauste er mehrmals in der Woche von Paris über Straßburg–Stuttgart–München–Wien–Budapest–Belgrad–Sofia bis Konstantinopel, das heutige Istanbul. Der Zug führte Salonwagen, Speise- und Schlafwagen sowie Gepäckwagen mit sich. Das Personal war fast so zahlreich wie die Reisenden.
1923 wurden FD-Züge (Fernschnellzüge) eingeführt, die nur 1. und 2. Klasse hatten und an nur wenigen Stationen hielten. Später kamen Schnelltriebwagen-Verbindungen zwischen den Großstädten hinzu.
Von 1956 bis 1983 gab es das Trans-Europ-Express (TEE)-Netz mit glanzvollen Namen wie Rheingold, Helvetia, Edelweiß oder Ile de France. Die Luxuszüge unserer Tage sind InterCity (IC) und EuroCity (EC), in naher Zukunft auch der InterCity-Expreß (ICE).
Sie haben Wagen mit breiten Polstersesseln oder Liegesitzen, die in Fahrtrichtung gedreht werden können, Klimaanlage und Telefoniermöglichkeit in alle Welt, und natürlich auch Speise- und Schlafwagen.

Rechte Seite: Eine E-Lok der Baureihe 103 von 1970 vor einem IC-Zug, stark, schön und schnell mit 10400 PS (7440 kW) und 200 km/h Spitze; lange Zeit der Star des DB-Lokomotivparks.

Unten: Paris um 1975, Bahnhof Austerlitz, 7 Uhr 30: Vor der Abfahrt des Fernschnellzuges La-Capitole-du-Matin nach Toulouse. Frankreichs Züge zählen zu den schnellsten der Welt.

Güterverkehr

Mehr als ein Jahrhundert lang beherrschte die Dampflokomotive den Güterverkehr. Dieses Bild, aufgenommen im Mai 1980 in Saalfeld/DDR, zeigt noch die Atmosphäre der Dampflok-Zeit.

Personenzüge, Schnellzüge, Luxuszüge sind praktisch, bequem und wichtig. Viel wichtiger wurden jedoch die Güterzüge. Sie erst machten es möglich, Kohle, Erz, Maschinen, Kartoffeln, Getreide und andere Lebensmittel, Baumaterial und vieles andere über weite Entfernungen hinweg zu befördern. Bisher hatte man hierfür nur die natürlichen Wasserstraßen gehabt – Flüsse, Seen, Küstengewässer. Die gab es nicht überall, geschweige denn künstliche Kanäle, und der Verkehr auf ihnen war sehr zeitraubend. Mit pferdebespannten Wagen vollends war ein Güterverkehr in großem Maße, wie ihn die schnell anwachsende Industrialisierung benötigte, überhaupt nicht mehr möglich gewesen. Dank der Eisenbahn vergrößerte sich nun der Raum, in dem Menschen leben und arbeiten konnten.

Das war auch sehr notwendig. Bis vor 300 Jahren war die Zahl der Menschen in Europa ziemlich gleich groß geblieben. 100 Jahre später hatte sich die Bevölkerung bereits verdoppelt. Das kam durch neue Erkenntnisse in der Medizin, mit denen Krankheiten erfolgreich bekämpft wurden. Auch gesündere Lebensweise und bessere Ernährung halfen dazu, daß nicht mehr so viele Menschen früh starben oder durch Seuchen wie Typhus oder Cholera weggerafft wurden.

In den folgenden 100 Jahren, also im vorigen Jahrhundert, vervierfachte sich die Bevölkerungszahl. Alle diese Menschen wollten leben; dazu mußten sie arbeiten und Geld verdienen. Dank der Eisenbahn konnten nun dort Fabriken gebaut werden, wo es viele Menschen gab. Auch die Eisenbahn selbst, ihr Bau und ihr Betrieb, gaben vielen Hunderttausenden von Menschen Arbeit.

Man sieht, die heute so viel gebrauchten Worte »Bevölkerungsexplosion« und »Arbeitsplätze« sind nicht gar so neu.

In den letzten 150 Jahren hat sich das Leben der Menschen – durch die Industrie – viel stärker verwandelt als in den vielen tausend Jahren zuvor. Man nennt diese Entwicklung die »Erste Industrielle Revolution«. Ohne Eisenbahn, ohne Güterzüge hätte sie eigentlich gar nicht stattfinden können.

Neben gut 12000 Personenwagen – Reisezugwagen – gibt es bei der DB über 200000 Güterwagen aller Art. Dazu kommen noch etwa 50000 Privatgüter-

Aus der frühen Eisenbahnzeit; Güter-Umschlaghalle im englischen Bristol.

Offener Güterwagen der bayerischen Ludwigsbahn um 1840 und gedeckter Normalgüterwagen um 1850.

wagen, die bei den Zügen der Bahn mitlaufen, »eingestellt« werden. Sie gehören vor allem Firmen, die sie weitervermieten an Industriebetriebe, vor allem an Chemie, Erdöl- und Hüttenwerke (Metallgewinnung),

die meist auch ihren eigenen Gleisanschluß haben. Allein das Volkswagenwerk in Wolfsburg schickt jährlich Tausende von Ganzzügen, beladen mit Autoteilen oder fertigen Autos, an ihre Vertriebsstellen ab.

Insgesamt gibt es also viel mehr Güterwagen als Reisezugwagen. Das zeigt deutlich, wo das eigentliche Schwergewicht des Bahnverkehrs liegt. Der Güterverkehr bringt der Bahn Geld. Der Personenverkehr ist vor allem im Nahverkehr ein riesiges Zuschußgeschäft, das Jahr für Jahr Milliarden schluckt.

Auf den westdeutschen Bahnen fahren im Durchschnitt etwa 9000 Güterzüge täglich – im Durchschnitt wohlgemerkt. Denn an die 7000 Züge davon, auch die neuen »Über-Nacht«-InterCargo-Züge, bewegen ich auf den wichtigsten Strecken, die nur etwa ein Drittel des Gesamtnetzes ausmachen. Und die Hauptmasse fährt – der Arbeitszeiten wegen – zwischen Dienstag und Freitag und hier wiederum meist in der Nacht. Da sind die Strecken nicht so mit Reisezügen belastet.

Dabei kommen nur etwa 300 Güterzüge von einem einzelnen Absender und haben ein einheitliches direktes Ziel. Es sind dies die »Ganzzüge«, bei denen meist ein Wagen wie der andere aussieht: so zum Beispiel

Rechte Seite: Güterzug einer privaten englischen Eisenbahngesellschaft, gezogen von einer Tenderlok aus dem Jahr 1900. Deutlich ist an der Seite einer der beiden Wasserbehälter zu sehen. Tenderloks konnten rückwärts so gut wie vorwärts fahren und waren deshalb zum Rangieren und für Nahverkehr besonders geeignet.

METHIL WEST
WPR

Ein deutscher Güterzug, vorweg die schwere Lok Baureihe 044, überquert die Mosel in Richtung Trier; noch in den sechziger Jahren ein gewohntes Bild.

lauter Kesselwagen, die Riesenmengen von Benzin, Öl oder Gas befördern. Oder große Flachwagen, die Rohre für Erdgasleitungen geladen haben – auf der Seite 73 ist einer zu sehen. Oder der Zug besteht aus lauter Selbstentladewagen, die Erz oder Kohle transportieren wie der auf Seite 72.

Die meisten Güterzüge jedoch sind bunt zusammengewürfelt. Die Waggons kommen von verschiedenen Bahnhöfen und haben unterschiedliche Ziele. Die Wagen müssen also irgendwann – oder sogar ein paarmal – »umsteigen«.

Das geht so vor sich: »Nahgüterzüge« fahren die Strecken ab und sammeln ein, was auf den einzelnen kleineren oder größeren Bahnhöfen an »Stückgut« und an ganzen Wagenladungen bereitgestellt wurde. Auf dem nächsten Rangierbahnhof werden die Züge »zerlegt«. Rangierloks schieben sie über den »Ablaufberg«, auch »Eselsrücken« genannt. Von dort rollen die Waggons einzeln oder in zusammengehörenden Gruppen über Weichen auf die fächerförmig angeordneten Richtungsgleise. Dort werden sie von automatischen Gleisbremsen oder auch mit altertümlichen »Hemmschuhen« »aufgefangen«.

→ *Seite 77*

Rechte Seite: Wenn der »Circus Krone« auf Reisen ist, muß man die Elefanten am Zielbahnhof regelrecht aus den Wagen locken, mit Leckerbissen in Gestalt von Brotlaiben. – *Folgende Seiten:* »Ganzzüge«, die mit gleichen Waggons gleiche Waren zu einem bestimmten Ziel bringen: Erz für die Ruhr – Großrohre in die UdSSR.

JOHANNES FRITZEN
JOHANNES FRITZEN

Oben und rechts: Maschen bei Hamburg, seit 1980 Europas größter Rangierbahnhof: 7 km lang, bis zu 700 m breit. Dort liegen 120 Gleise nebeneinander, fast 300 km lang und mit 1014 Weichen. Nahezu 10000 Wagen können Tag für Tag abgefertigt werden, das bringt eine enorme Beschleunigung des Güterverkehrs mit sich. Die Rangierloks fahren zum Teil ferngesteuert ohne Lokführer.

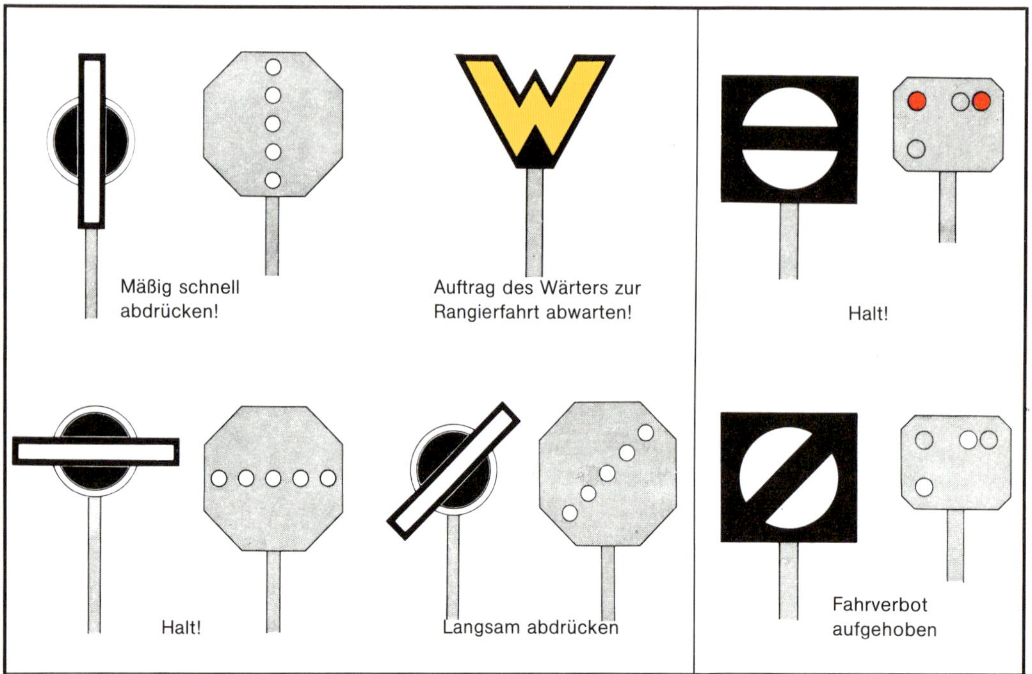

Am Ablaufberg eines herkömmlichen, also nicht computergesteuerten Rangierbahnhofs wird die Verteilung der Güterwagen auf die Richtungsgleise durch Formsignale oder Lichtsignale gesteuert. – *Rechts:* Im Bahnhofs- und Rangiergelände werden Schutzsignale verwendet.

Linke Seite: Im Rahmen der integrierten Transportsteuerung wird in Maschen von der Erfassung der angemeldeten Güterzüge bis zur Betätigung der Weichen und der Gleisbremsen die Hauptarbeit über Computer geleistet. – *Rechts:* Auf einem französischen Containerbahnhof: Vom Eisenbahnwaggon direkt auf den Lkw.

Die Waggons mit gleicher Zielrichtung, die so in einem Richtungsgleis zusammengekommen sind, werden aneinandergehängt und verlassen als neuer Zug, der oft bis zu 60 oder noch mehr Wagen hat, den Bahnhof. Die Güterzüge sind dann bis zu 700 Meter lang. (In den USA gibt es sogar Züge, die bis zu 5 Kilometer lang sind!)

Am Zielbahnhof werden die Wagen wiederum an einem Ablaufberg auseinandersortiert und zu den kleineren Bahnhöfen oder den Gleisanschlüssen »zugestellt«, oft zusammen mit Wagen, die aus einer anderen Richtung mit dem gleichen Zielpunkt angekommen sind.

Es wurde in den vergangenen Jahren viel getan, um diesen umständlichen Ablauf des Güterverkehrs zu vereinfachen. Kleinere Stationen wurden aufgelöst, und die dort anfallenden Güter bringt nun der Lkw zur nächsten größeren Station.

Um das mühsame Umladen der Güter vom Lkw auf den Güterwagen und umgekehrt weiter zu vereinfachen, gibt es Container, verschieden große Behälter mit genormten Abmessungen, die mit bestimmten Gütern vollgepackt werden. Schnell und mühelos lädt man die Container mit dem Kran von einem Fahrzeug

Viele Betriebe haben eigene Gleisanschlüsse an die öffentliche Bahn. Hier werden einzelne Waggons oder ganze Züge beladen: Eine vierachsige Diesellok der Baureihe 211 für leichte Güterzüge (und auch Reisezüge) hat die Strecke abgeklappert und bringt nun die eingesammelten Waggons zum Rangierbahnhof.

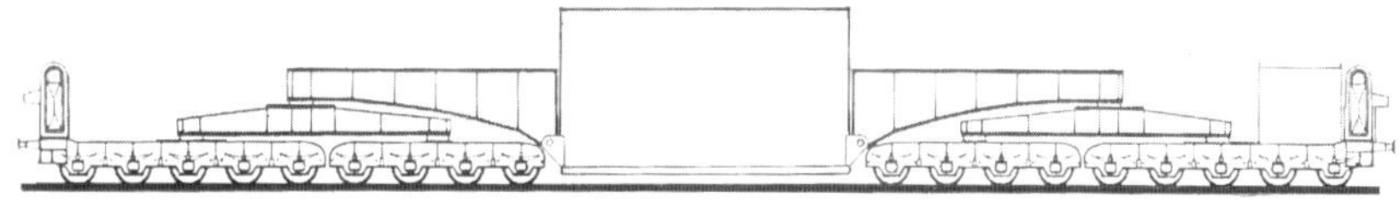

Tragschnabelwagen.

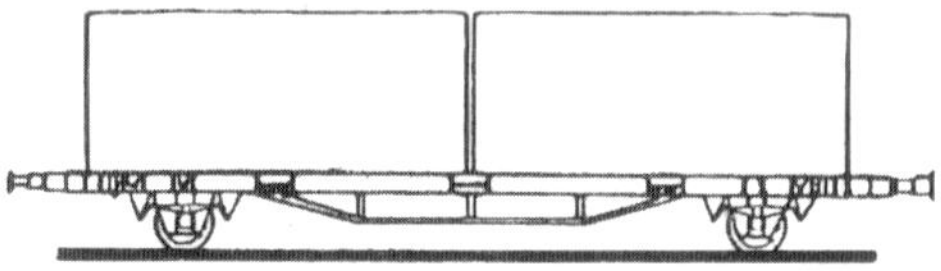

Großcontainer-Tragwagen.

Rechte Seite oben: Auf den Rangierbahnhöfen Europas geben sich Waggons aus allen europäischen Ländern ein Stelldichein wie auf diesem französischen Bahnhof. Für viele der – zum Teil kleinen – Länder ist die Einführung der automatischen Kupplung aus Kostengründen schwierig.

Links und unten: Eisenbahnerberufe: Dampflokheizer, Streckengeher, der tagaus tagein Schwellen und Verschraubungen überprüfte, Schrankenwärter.

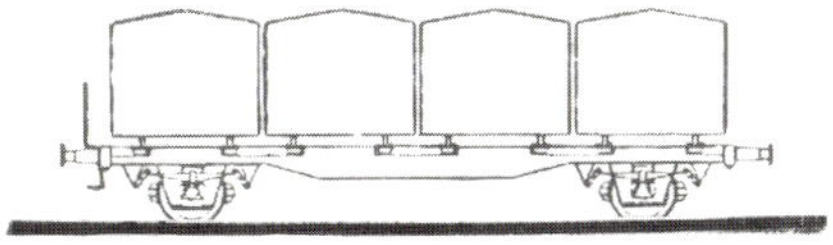

Mittelcontainer-Tragwagen.

auf das andere. Auch Überseeschiffe sind auf Container eingerichtet, ebenso wie die Binnenschiffahrt auf Flüssen und Kanälen. Daneben verlädt die Bahn im »Huckepack« auch ganze Lkw-Züge.

Die modernen Rangierbahnhöfe – man nennt sie auch Verschiebe- (oder in Österreich Verschub-)bahnhöfe – werden mehr und mehr automatisiert und zum Teil schon durch Computer gesteuert. So kann heute vieles schneller ablaufen als früher. Gerade auf diesem Gebiet wird auch in Zukunft noch viel geschehen.

Der Güterverkehr endet auch nicht an den Grenzen, sondern er ist auf dem ganzen europäischen Schienennetz mit seinen – ohne UdSSR – 260000 Kilometern eng verknüpft.

Waggons fast aller europäischen Länder laufen so in Güterzügen in alle Richtungen. Bei Staaten mit breiterer Spurweite – Spanien, Portugal, Finnland, Sowjetunion – wird die Weiterfahrt durch Austausch der Drehgestelle ermöglicht.

Eine große Vereinfachung für den gesamten Eisenbahnverkehr wäre eine Sache, die man eigentlich schon lange hätte einführen sollen: eine einheitliche automatische Kupplung, wie sie bei den verschiedenen Modelleisenbahnen – manchmal leider nur innerhalb der einzelnen Marken – längst selbstverständlich ist. Die Umstellung ist aber recht schwierig, denn sie wird viele Milliarden Mark kosten, und sie muß innerhalb kürzester Zeit in ganz Europa durchgeführt werden, sonst stockt der Verkehr. Kein Wunder also, daß es immer neue Verzögerungen gibt bei diesem wichtigen Schritt zu einem einigen Europa.

Zur Zeit sieht es nicht so aus, als ob es noch in diesem Jahrtausend soweit sein wird ... Die Sowjetunion, die USA, Kanada und Japan haben die automatische Kupplung längst eingeführt. Bei uns muß weiterhin wie seit über 150 Jahren die altmodische Schraubenkupplung eines jeden Wagens mit der Hand bedient werden. Das ist eine schwere und vor allem auch gefährliche Arbeit, die viel Zeit kostet. Lediglich schwere Erzzüge fahren bei der Deutschen Bundesbahn mit automatischer Kupplung. Sie ist hier unumgänglich, weil sonst bei der schweren Anhängelast der Zughaken reißen würde.

Rechts: Häufig gibt es kleinere Sendungen, die keine volle Wagenladung ausmachen. Güterwagen stehen an den Verladerampen des Münchner Hauptbahnhofs, wo sie mit solchen Einzelsendungen (Stückgut) beladen werden. Ebenso wie ganze Waggons auf Rangierbahnhöfen in andere Züge »umgestellt« werden müssen, so werden Stückgüter je nach ihrem Ziel in Umladebahnhöfen in andere Stückgutwagen umgeladen.

Wie die Dampfloks, so verschwinden allmählich die Hebelstellwerke.

Zeitraubende Hauptstationen vor jeder Dampflokfahrt *(von oben nach unten).* Bekohlungsanlage – Wasserkran – Besandung – Überprüfung und Schmierung vieler Triebwerksteile; und zuvor kam das Entfernen von Schlacke und Asche aus der Feuerung.

Der größte Teil der erzeugten Energie geht ungenützt durch den Kamin. Dies ist einer der Gründe, warum die Zeit der stolzen Dampflokomotiven vorbeigehen mußte: Hier eine 051 – mit Kabinentender für den Zugbegleiter.

Durch den Kamin…

Man stelle sich einmal vor: Der Tender einer ganz normalen Güterzug-Dampflokomotive, etwa der im Bild oben, mußte vor der Fahrt mit rund 10 Tonnen Kohle beladen werden. Dazu kam der Wasservorrat mit gut 30 Kubikmeter. Das sind noch einmal 30 Tonnnen Gewicht. Nur um diese gewaltigen Vorräte zu bewegen, wurde bereits ein nicht geringer Teil der Kraft verbraucht, die den Zug bewegen sollte. Unvorstellbar groß sind die Mengen von Kohle, die von den Bergwerken her in endlos langen Zügen ins ganze Land verschickt werden mußten, wo immer Dampfloks für eine neue Fahrt versorgt wurden, also eigentlich überallhin. Allein für diese Transporte brauchte man bereits wieder ungeheure Mengen von Kohle. Und das Aufheizen einer Lok dauerte acht bis zwölf Stunden. Zum Schluß erfahren wir dann noch, daß Dampflokomotiven überhaupt nur rund ein Zehntel der Energie, die in der Kohle steckt, in Zugkraft umsetzen konnten. Das meiste nämlich geht nutzlos und buchstäblich »durch den Kamin«.
Herkömmliche elektrische Lokomotiven nutzen die Energie immerhin zu rund einem Viertel, Diesellokomotiven sogar bis zu einem Drittel. Ist es ein Wunder, daß der Dampfbetrieb aufgegeben wurde?

Dampflokomotiven

Die »Rocket«, 1829 von Stephenson gebaut, war Siegerin im großen Rennen von Rainhill. Höchstgeschwindigkeit: 56 km/h.

Eine der ersten in Deutschland gebauten Loks: »Der Münchner«, 1841 von Maffei für die Strecke München–Augsburg.

»Virginia«, eine der frühen amerikanischen Maschinen mit Drehgestell für die Laufräder.

Links: Eine der ersten Tenderloks, die englische »Jura« von 1866. Sie kam im Londoner Vorortsverkehr zum Einsatz.

Oben: Österreichische Lok von 1890 mit italienischer Bezeichnung.
Links: Schweizer Tenderlok von 1903 für die Thuner-See-Bahn.

Diese mächtige amerikanische Ps4-Lok wurde zwischen 1923 und 1935 gebaut. Ihr Tender faßte neben 53 Kubikmeter Wasser 16 Tonnen Kohle.

Die berühmte 01 der deutschen Reichsbahn, seit 1925 gebaut, war eine hervorragende Lok. Sie konnte einen Schnellzug mit der Durchschnittsgeschwindigkeit von 120 km/h und bis zu 154 km/h befördern.

Die deutsche Baureihe 61 von 1935 mit ihrer Stromlinienverkleidung war ein Versuch, der Konkurrenz der E-Loks zu begegnen.

Die französische Reihe 232U wurde nach dem Zweiten Weltkrieg 1949 gebaut. Die elegante Maschine erreichte bis zu 160 km/h.

220 086-3

Diesellokomotiven

Diesellokomotiven verbrennen Öl. Auch sie führen ihren Kraftstoff mit sich. Das Gewicht des Öls aber ist im Vergleich zu dem von Wasser und Kohle gering. Und die Kraft, die im Öl steckt, wird von der Diesellok viel besser ausgenützt als die Kraft der Kohle beim Dampfbetrieb. Dieselloks sind also unabhängig und können ohne weiteres auf Strecken eingesetzt werden, auf denen vorher Dampfloks fuhren. Schon

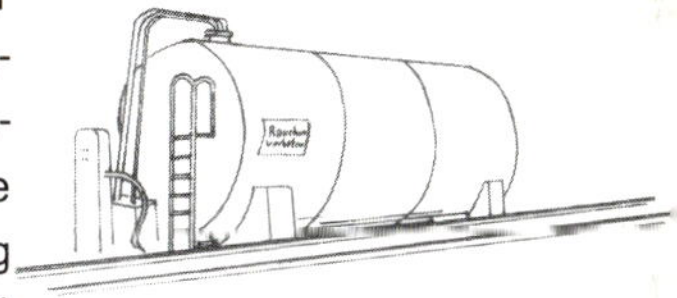

Tankstelle für Dieselloks.

Linke Seite: Die V 220, 140 km/h, wurde ab 1953 als erste große Diesellok der DB in Serie (V 200) gebaut. Die schöne Maschine fuhr vor Schnell- und Eilzügen, zuletzt auch vor Güterzügen. Im Bild von 1970 mit dem Schnellzug Stuttgart–Mailand den Neckar. Insgesamt gab es 136 Stück dieser Baureihe. – *Oben:* Von der Baureihe 218 fahren mehr als 300 Stück im mittelschweren Streckendienst. Mit diesen Dieselloks wurden bis 1977 auch die letzten Dampfloks ersetzt. – *Unten:* Diesel-Triebwagenzug der Baureihe 624 verläßt in Langsamfahrt – die Signale zeigen es an – den Bahnhof Vienenburg.

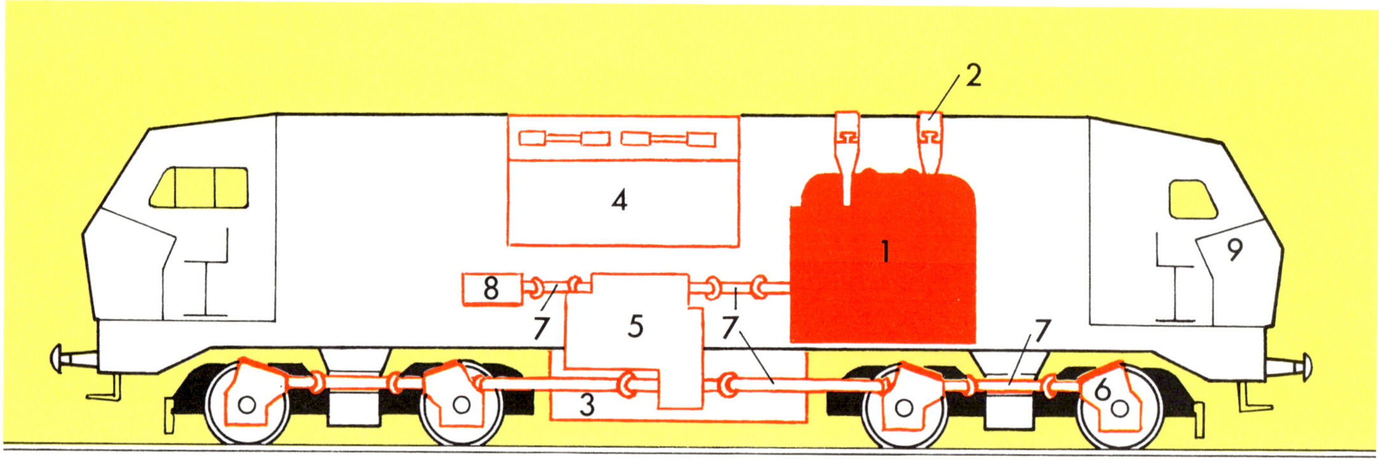

Querschnitt durch eine Diesellokomotive (dieselhydraulisch)

1 Haupt-(Fahr-)Dieselmotor
2 Auspuffanlage
3 Dieselkraftstoff-Hauptbehälter
4 Kühleranlage
5 Flüssigkeitsgetriebe
6 Achsgetriebe
7 Gelenkwellen
8 Lichtanlaßmaschine
9 Führerpult

1893 hatte Rudolf Diesel seine »Verbrennungskraftmaschine« vorgestellt. Trotzdem dauerte es ziemlich lange, bis man leistungsfähige Dieselloks bauen konnte. Der elektrische Antrieb kam, wie wir gleich hören werden, schneller voran.

Im Motor einer Diesellok wird genau wie beim Lkw Öl in Zylinder gespritzt; das entstandene Luft-Öl-Gemisch wird nun zusammengepreßt und dadurch erhitzt, bis es sich entzündet. Der Druck des explodierenden Gemischs bewegt Zylinderkolben, Getriebe, Räder. Für die gewaltigen Massen, die bei der Lokomotive bewegt werden müssen, ist allerdings das vom Auto her bekannte mechanische Getriebe zu schwach. Man hat sich deshalb etwas anderes einfallen lassen: Der Dieselmotor treibt ein Flüssigkeitsgetriebe an: Eine Pumpe drückt Öl auf ein Schaufelrad, eine Turbine, die dadurch wiederum in Umdrehung versetzt wird. Die Leistung gelangt nun über ein System von Gelenkwellen und Winkelgetrieben auf die Treibachsen der Lokomotive. Bei der Deutschen Bundesbahn laufen heute fast ausschließlich solche »dieselhydraulische« Maschinen.

Im Ausland hat eine andere Form der Leistungsübertragung Verbreitung gefunden. Hier treibt der Dieselmotor einen Generator an. Das ist eine Art Dynamo, wie wir ihn vom Fahrrad her kennen, natürlich um ein Vielfaches größer. Dieser Generator erzeugt elektrischen Strom. Der Strom treibt die Fahrmotoren, die wiederum die Räder der Diesellok in Bewegung setzen. Man nennt diese Kraftwerke auf Rädern dieselelektrische Lokomotiven.

Heute werden etwa 55 Prozent des Streckennetzes der Bundesrepublik Deutschland von Dieselloks befahren. Fast 45 Prozent, bald 12000 Kilometer, sind für elektrischen Betrieb eingerichtet. Dampfbetriebene Züge gibt es nur noch bei Vergnügungsfahrten für Eisenbahn-Fans.

Ähnlich liegen die Verhältnisse in Österreich, wo in den Alpen Strom durch Wasserkraft billig zu erzeugen ist. Die Schweiz hat ihr Streckennetz seit langem so gut wie voll elektrifiziert.

Nebenan in ländlicher Gegend – ein Bild, das durch Streckenstillegungen immer seltener wird –, voran eine Diesellok der Baureihe 211.

Jubiläumsmarke der Bundespost 1979.

Elektrolokomotiven

Die abgekürzt »E-Lok« oder auch »Ellok« genannte Lokomotive ist von Energiezufuhr abhängig, die von außen kommt. Dafür braucht sie keinen Krafttoff mitzuführen. Sie holt ihn in Form von elektrischem Strom über »Stromabnehmer« aus dem »Fahrdraht«, der über die gesamte Fahrstrecke gespannt sein muß.

Der elektrische Strom wird in Kraftwerken erzeugt, und zwar durch die Verbrennung vor allem von Kohle, aber auch von Öl oder Erdgas und Kernenergie. Auch aus Wasserkraft wird der Strom gewonnen. Von den Kraftwerken her wird die Energie in Überlandleitungen mit ihren hohen Gittermasten zu Umspannstationen geführt (bei der DB beträgt die Spannung 110 kV – 110000 Volt). Wie bei der Modellbahn wird die hohe Spannung über Transformatoren umgewandelt und dann auf die Fahrleitungen verteilt. Mit einer Spannung von 15 kV nehmen die Loks die Energie aus dieser Fahrleitung. Auch in der E-Lok befindet sich ein Transformator, der die Fahrleitungsspannung noch einmal heruntersetzt.

Die Motoren der herkömmlichen E-Lok sind im Grunde die gleichen, die eine kleine Modellbahn antreiben oder eine Waschmaschine. Die Leistungsübertragung erfolgt über Zahnräder auf Treibachsen. Jede Treibachse hat heute ihren eigenen Motor. Die IC-Lokomotive auf dem Bild Seite 89 hat z.B. sechs Fahrmotoren. Der S-Bahn-Triebwagen auf Seite 90 ist mit 12 Fahrmotoren ausgestattet. (Über die neue Drehstromtechnik, die dank der Elektronik möglich wurde, lesen wir auf den Seiten 118/119.)

Es war im Jahr 1879, als die erste von Siemens und Halske gebaute elektrische Schmalspurlokomotive der Öffentlichkeit vorgestellt wurde. Sie hatte 3 PS und fuhr 7 km/h. Den Strom bekam sie durch eine Schiene. Wie fast ein Dreivierteljahrhundert früher in London der erste kleine dampfbetriebene Personenzug seine Kreise zog, so fuhr nun in Berlin ein ähnlich kleiner Zug mit elektrischem Antrieb über eine

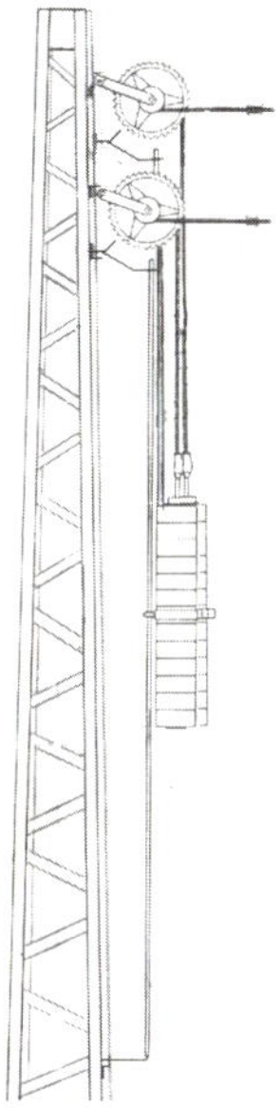

Die Gewichte am Abspannmast halten die Fahrdrähte bei Hitze und Kälte in stets gleicher Spannung.

Wie ein Wunder bestaunt das Publikum auf der Berliner Gewerbeausstellung 1879 die von Siemens und Halske gebaute elektrische Eisenbahn mit ihren 3 PS.

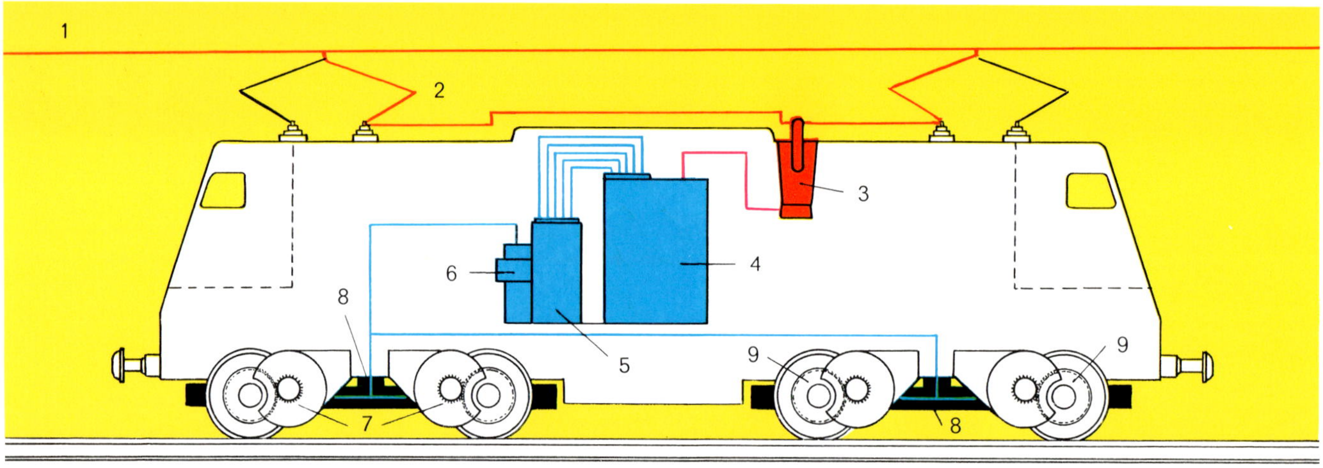

Querschnitt durch eine Elektrolokomotive

Fahrdrahtspannung

transformierte Spannung

1 Fahrdraht
2 Scherenstromabnehmer
3 Hauptschalter
4 Haupttransformator
5 Nockenschaltwerk
6 Feinregler
7 Fahrmotor mit Ritzel
8 Drehgestell
9 Treibräder

300-Meter-Bahn. In den vier Monaten der Berliner Gewerbeausstellung von 1879 fuhren 90000 Menschen damit.

Nur 20 Jahre später erreichte bei Berlin ein Schnelltriebwagen bereits den Weltrekord von 210 km/h. Schneller hatte sich bis dahin noch kein Mensch bewegt, weder zu Land noch in der Luft. Zur Zeit liegt der Weltrekord bei 406 km/h. Er wurde am 1. Mai 1988 von ICE-Versuchstriebwagen auf der Neubaustrecke Fulda-Würzburg aufgestellt.

Im normalen fahrplanmäßigen Einsatz fährt man heute in Deutschland noch Spitzen von 200 km/h, in Japan 210 und mehr km/h. Auf den neuen Hochgeschwindigkeitsstrecken werden bis zu 270, sogar bis zu 300 km/h erreicht.

Etwa 1910 begann die Umstellung von Dampf auf elektrischen Betrieb. Obwohl sich dieser schnell als sehr vorteilhaft herausstellte, dauerte es doch seine Zeit, bis er in großem Maß eingesetzt werden konnte. Das lag natürlich vor allem an den Kosten. Der Bau von Oberleitungen war und ist teuer. Und vor allem mußten erst einmal Kraftwerke, Überlandleitungen und das ganze Drum und Dran gebaut werden, das zur Lieferung von Strom notwendig ist.

Ein neues System kann sich nur durchsetzen, wenn ein echter Bedarf vorhanden ist. Wo suchte man vor allem nach einem rauch- und dampffreien, einem sauberen und starken Antrieb? Bei Bergwerken, Straßenbahnen, Untergrundbahnen und bei bergigen und tunnelreichen Eisenbahnstrecken. Ungefähr in dieser Reihenfolge begann dann auch der elektrische Betrieb. Im berge- und wasserreichen Süden Mitteleuropas legte man Stauseen an und baute Kraftwerke, die billigen Strom liefern konnten. Nun zog eine E-Lok ohne weiteres einen Zug über Bergstrecken, für die vorher zwei oder drei Dampfloks gebraucht worden waren.

Heute sind fast 45 Prozent des DB-Streckennetzes elektrisch betrieben, darunter natürlich alle Fernstrekken für die schnellen InterCity-, EuroCity- und ICE-Züge. Die Entwicklung in den Nachbarländern geht ähnlich voran.

Vier Fünftel des gesamten Güterverkehrs der DB laufen ebenfalls über diese Strecken, wie wir schon gehört haben. Die Vorteile sind sonnenklar: E-Loks sind stärker und schneller als Diesel- oder gar Dampflokomotiven. Trotz der teuren Anlagen ist ihr Betrieb letztlich sparsamer. Außerdem sind sie nahezu rund um die Uhr betriebsbereit, brauchen weniger Personal als Dampflokomotiven, und sie sind umweltfreundlich!

Fahrleitungssignale

Hauptschalter ausschalten — Hauptschalter einschalten erlaubt — Signal »Bügel ab« kommt

Bügel ab — Bügel an — Halt für Fahrzeuge mit angehobenem Stromabnehmer

Rechte Seite: Die schnelle Baureihe 103 wurde ab 1970 in 149 Stück gebaut. Bis sie von der neuen Universal-Drehstromlok der Baureihe 120 – siehe Seite 118/119 – abgelöst ist, werden noch viele Jahre vergehen.

DB

E-Lok-Veteranen: Die schwere E 50, heute Baureihe 150; zwischen 1957 und 1973 wurden 197 Stück in Dienst gestellt. – Die E 94, ebenfalls schwere Güterzuglok, von 1940; noch 1954/55 wurden 5 Stück nachgebaut, und einige taten als Baureihe 194 noch bis 1988 Dienst. – Ganz hinten die Schnellzuglokomotive E 17 von 1928; von ihr fuhren noch einige in den siebziger Jahren.

Links: Der S-Bahn-Triebwagen Baureihe 420 ist seit 1972 aus den Schnellbahnsystemen von München, Stuttgart und Frankfurt nicht mehr wegzudenken.

Rechte Seite: Bei elektrifizierten Strecken muß, neben dem Gleis, die Oberleitung ständig überwacht werden. Runde 12000 km wird 1991 das elektrifizierte Streckennetz der DB umfassen, das sind fast 45 Prozent des Gesamtnetzes.

Loknummern, Baureihen und Achsfolgen

Bei allen Lokomotiven und anderen Triebfahrzeugen der DB sehen wir an Stirn- und Längsseiten lange Zahlenreihen angebracht – die Loknummer – bestehend aus zwei Dreiergruppen und einer einzelnen Ziffer. Auf Seite 99 zum Beispiel ist die Nummer 111 001-4 deutlich zu erkennen.
Die Ziffernreihe ist nach einem bestimmten System aufgebaut: Die ersten drei Ziffern bezeichnen die **Baureihe.** Diese ist also bei allen Maschinen gleichen Typs gleich. Die folgenden drei Ziffern bilden die **Ordnungsnummer:** Jedes Fahrzeug hat seine eigene. Die einzelne Ziffer am Schluß ist die **Kontrollziffer,** die zur Erfassung bei der elektronischen Datenverarbeitung wichtig ist.
Die erste Ziffer der Baureihennummer, die allererste Ziffer also überhaupt, bezeichnet die Art des Fahrzeugs:

0	=	Dampfloks	7	=	Schienenbusse und Bahndienstwagen, z. B. Turmwagen
1	=	E-Loks	8	=	Steuer-, Mittel- und Beiwagen zu elektr. Triebwagen
2	=	Dieselloks	9	=	wie 8, jedoch für Dieseltriebwagen
3	=	Kleinlokomotiven			
4	=	E-Triebwagen			
5	=	Akkutriebwagen (batteriegespeist)			
6	=	Dieseltriebwagen			

Baureihen

Die Baureihenziffern, also die ersten drei Ziffern zusammengenommen, teilten sich bei **Dampflokomotiven** wie folgt auf:

001 bis 019	=	Schnellzugloks
020 bis 039	=	Personenzugloks
040 bis 059	=	Güterzugloks
060 bis 079	=	Tenderloks-Personenzüge
080 bis 096	=	Tenderloks-Güterzüge
097	=	Zahnradloks
098	=	Nebenbahnloks
099	=	Schmalspurloks

Die Nachkriegs-Baureihen der DB für **Elektro-Loks** sind:

103	=	Fernschnellzüge, TEE, IC und EC
110, 112, 114	=	für Schnellzüge
111, (113)	=	z. T. auch für S-Bahn
120	=	Mehrzwecklok für Güter- und Personenverkehr
139 und 140	=	schwere Mehrzwecklok
141	=	leichte Mehrzwecklok
150 und 151	=	für schwere Güterzüge
181 bis 184	=	Mehrstromloks für den Verkehr mit Westeuropa

Die wichtigsten **Elektrotriebwagen**-Baureihen:

401	=	InterCity Expreß (ICE)
403/404	=	Schnelltriebwagen, bis 1979 IC, fährt jetzt als Airport-Express zwischen den Flughäfen Düsseldorf und Frankfurt
410	=	InterCity Experimental (ICE/V)
420/421	=	Triebwagen für S-Bahnen mit Fahrleitung und Wechselstrom
470 bis 473	=	Schnelltriebwagen für S-Bahnen mit Stromschiene und Gleichstrom

Diesellokomotiven der DB beginnen mit folgenden Baureihennummern:

211 bis 213	=	für leichte Personen- und Güterzüge
215 bis 218	=	Mehrzweckloks
220 und 221	=	für Schnellzüge, nicht mehr im Einsatz
290, 291	=	schwere Rangierloks
360, 361	=	leichte Rangierloks (früher 260, 261)
365	=	leichte Rangierlok für Funk-Fernsteuerung

Die Baureihennummern der wichtigsten **Dieseltriebwagen:**

601	=	7- bis 10teiliger Schnelltriebwagen, früher IC und TEE, dann für Sonderzüge, nicht mehr im Einsatz
612, 613	=	mehrteiliger Triebwagen für Schnell- und Eilzüge, nicht mehr im Einsatz
614, 624	=	3teiliger Triebwagenzug für Regionalverkehr
627, 628	=	Nahverkehrstriebwagen für Nebenbahnen

Die Bezeichnungen in dieser Form gelten seit 1968. Vorher hatten die Baureihennummern statt der vorgestellten 0 bis 9 vor den Nummern bei E-Loks ein E, bei Dieselloks ein V (Verbrennungsmotor), bei Elektrotriebwagen ein ET, bei Akkumulatortriebwagen ein ETA und bei Dieseltriebwagen ein VT vorangestellt. Dampfloks hatten keine zusätzliche Kennzeichnung.

Achsfolgen

Um mitreden zu können, muß man neben der Numerierung über noch ein wichtiges Kennzeichen Bescheid wissen: über die Achsfolge. Sie gibt Aufschluß über die Bauart einzelner Triebfahrzeuge.
Die Anzahl der angetriebenen und durch eine Welle verbundenen Räder werden durch Buchstaben angegeben: A = 1, B = 2, C = 3 angetriebene Radsätze usw. – Die Zahl der Laufradsätze wird mit arabischen Ziffern dargestellt. – Zusätzlich unterscheidet man noch die Anordnung der Radsätze in einem Lenk- oder Drehgestell, indem hinter den betreffenden Buchstaben oder die Zahl ein Apostroph gesetzt wird: B' oder 2'.

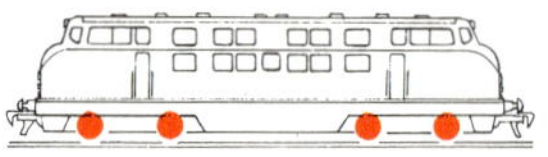

B'B' = 2 Drehgestelle mit je 2 Treibradsätzen

C'C' = 2 Drehgestelle mit je 3 Treibradsätzen

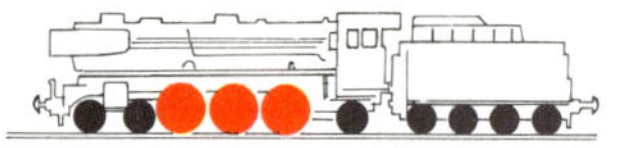

2'C1' = 2 Laufradsätze im Drehgestell, 3 Treibradsätze und 1 Laufradsatz in einem Lenkgestell

Für die »Localbahn A.G. München« (LAG) geliefert, tat diese Lokomotive seit 1909 auf der Strecke Murnau–Oberammergau Dienst. Später E 69 genannt, wurde die Lok schließlich im Jahr 1981 nach zweiundsiebzigjähriger Dienstzeit als Baureihe 169 aus dem regulären Einsatz zurückgezogen; sie ist heute vor Sonderzügen zu sehen.

Bei Dampfloks sind alle Räder Treibräder, die mit dem Treibgestänge verbunden sind. So ist zum Beispiel die Lok »Der Adler« eine 1A1. Nur der mittlere Radsatz wird angetrieben, die kleinen Räder vorne und hinten laufen nur mit. Die »Saxonia« auf Seite 20 ist eine B1. Die beiden großen Radsätze werden angetrieben, der kleine hinten läuft mit. Ganz deutlich kann man die Achsfolge auch bei der großen französischen 232 U auf Seite 83 unten erkennen: eine 2'C2' – die beiden vorderen Laufradsätze sind in einem beweglichen (') Drehgestell gelagert, dann folgen drei durch Gestänge angetriebene Treibradsätze und noch einmal ein bewegliches Drehgestell mit Laufrädern.
Wenn bei Loks jede Achse einzeln angetrieben wird wie zum Beispiel bei der E-Lok auf Seite 88, so wird zusätzlich eine kleine Null hinter die Treibradsatzbezeichnung gestellt: Bo'Bo'. Der Einzelachsantrieb ist bei modernen Elektrolokomotiven und Elektrotriebwagen allgemein üblich.

»Der Adler«, eine 1A1.

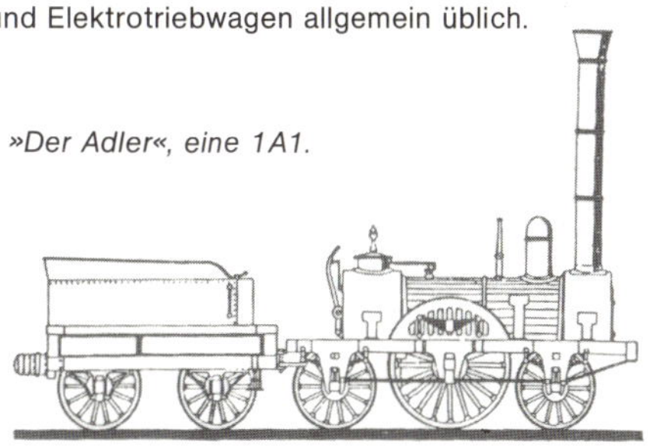

Immer schneller

Die Reisegeschwindigkeit von »guten« europäischen Zügen lag um 1870 etwa bei 56 km/h. In den USA gab es zu dieser Zeit bereits Geschwindigkeiten von 70 bis 100 km/h. Allerdings geriet ab etwa 1870 die Jagd nach immer größerer Geschwindigkeit in Verruf. In England lieferten sich zwei Eisenbahngesellschaften, die Ostküstenbahn und die Westküstenbahn, erbitterte Wettkämpfe, um die Überlegenheit der eigenen Züge zu beweisen. Die Ostküstenbahn führte hoch oben in Schottland, dem nördlichsten Teil der britischen Insel, mit einer langen Brücke über den Fluß Tay. Eines Tages im Jahr 1879 stürzte diese Brücke bei einem schweren Sturm ein. Das war genau zu dem Zeitpunkt, als ein Personenzug darüber hinwegfuhr. Alle 75 Mitfahrenden kamen ums Leben. Die meisten mußten ertrinken.

Derartige Unglücksfälle ereigneten sich natürlich nicht nur in England, sondern überall in der Welt, wo Eisenbahnen fuhren. Das erste große Unglück auf dem Festland passierte 1842 in der Nähe von Paris. Bei der Lokomotive eines Ausflüglerzuges brach eine Achse. Die hölzernen Wagen schoben sich in die Lok und gerieten in Brand. Die Abteiltüren wurden damals – aus Sicherheitsgründen – verschlossen gehalten. Von den annähernd 800 Fahrgästen kamen 55 ums Leben, über 100 wurden verletzt. Deutschland ist erstaunlich lange verschont geblieben. Erst 47 Jahre nach Eröffnung der Nürnberg-Fürther Eisenbahn geschah das erste große Unglück:

Ab 1907 für die italienische Staatsbahn gebaute Lokomotive. Treibraddurchmesser 1,85 m, Durchschnittsgeschwindigkeit 75 km/h.

Die Tay-Brücke in Schottland erlebte 1879 ein schreckliches Einsturz-Unglück: Die 1889 wiedererrichtete 3 km lange Brücke heute.

1882 entgleiste bei Hugstetten auf der Strecke Freiburg–Breisach ein Ausflüglerzug. Es gab etwa 80 Tote und 200 Verletzte. Die vorhandenen Sicherungsmaßnahmen hielten nun offensichtlich mit der Verdichtung des Verkehrs und den höher werdenden Geschwindigkeiten nicht mehr Schritt. Das folgende Jahrzehnt brachte in Deutschland etwa 300 kleinere und größere Unfälle pro Jahr!

Signale und Blocksystem waren zwar eingeführt, aber es gab – und gibt – auch die höhere Gewalt. So ließ zum Beispiel strenger Frost die Drähte festfrieren, mit denen die Signale bewegt wurden. Oder es war eine Signalbeleuchtung erloschen. Oder der Lokführer hatte in Nebel oder Sturm ein Signal übersehen. Oder die Bremsen funktionierten nicht richtig – eine Weiche war falsch gestellt... Auch die Leute von der Bahn sind Menchen, die immer einmal etwas vergessen oder falsch machen können.

Reisezug-Geschwindigkeiten

	Länge m	max. km/h	Gewicht t
Normalzug 1840	55	40	6
D-Zug 1910	220	120	570
IC Rheinpfeil 1980	310	200	620
ICE mit 14 Mittelwagen 1991	410	250	800

Was passiert, wenn...

So mancher mag sich schon seine Gedanken gemacht haben, wenn er im Zug sitzend dahinraste – vielleicht bei Nacht, bei Sturm oder gar bei Nebel. Was würde geschehen, wenn nun der Lokomotivführer einschliefe? Oder ohnmächtig würde? Oder er hätte irgendeinen Kummer oder Ärger gehabt und wäre mit seinen Gedanken ganz woanders. Der Zug würde führerlos dahinrasen... Was könnte dann alles passieren?

Um solche Gefahren auszuschalten, suchte man schon früh nach Mitteln, die es unmöglich machen sollten, daß zum Beispiel der Lokführer ein Haltesignal überfährt oder sonstwie durch Unachtsamkeit Gefahr hervorruft. Das war nun ein schwieriges Problem und nicht wie bei der Druckluftbremse mit einem eigentlich einfachen Trick zu lösen. Hier konnte nur die Elektrizität helfen, und die steckte um die Jahrhundertwende noch ein wenig in den Kinderschuhen. Dazu kamen schlimme Ereignisse, die die Entwicklung des Siche-

Weichensignale ab etwa 1875.

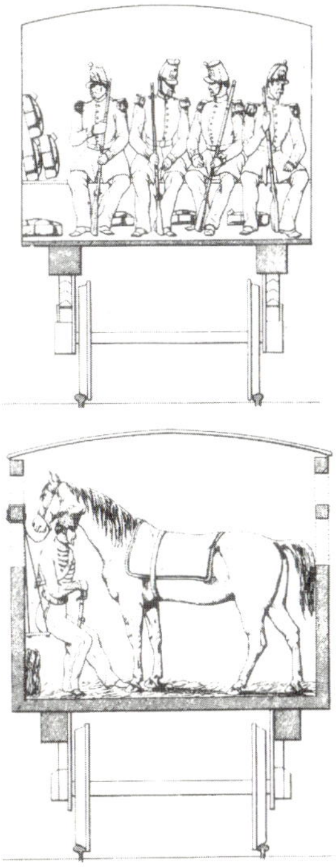

Truppentransport nach einer französischen Dienstvorschrift von 1851.

rungswesens verzögerten. Es kam der Krieg, den man später den Weltkrieg 1914–1918 nannte. Und noch etwas später mußte man diesen Krieg den »Ersten Weltkrieg« nennen, denn gut zwanzig Jahre später begann ein neuer, noch furchtbarerer Krieg, der Zweite Weltkrieg 1939–1945.

In beiden Kriegen hatte die Eisenbahn große Aufgaben. Ganze Heere wurden mit ihr befördert, ebenso die Verpflegung, Waffen und Munition, die die Millionenheere brauchten und verbrauchten. Riesige »Eisenbahngeschütze« schossen ihre zentnerschweren Granaten bis weit ins gegnerische Hinterland.

Im Zweiten Weltkrieg kam hinzu, daß besonders in Deutschland, Frankreich und Belgien riesige Zerstörungen an allen Einrichtungen der Bahn erfolgt waren. Tausende und Abertausende von Bomben hatten die Bahnanlagen umgepflügt und vieles zerstört, was in den hundert Jahren zuvor entstanden war. Viele Brükken und auch Tunnels wurden gegen Kriegsende beim Rückzug gesprengt. So waren allein auf dem Gebiet der heutigen Bundesrepublik Deutschland zerstört oder stark beschädigt: 4300 Kilometer Gleis, 16800 Weichen, 1900 Stellwerke, 8600 Haupt- und Vorsinale, 2000 Schranken und Warnsignale, 6700 Kilometer Streckenblocks mit Signalen, 60 Tunnels, 3150 Brükken und 30 Millionen Kubikmeter Hochbauten. Von 17700 Lokomotiven waren keine 7000 mehr betriebsbereit. Der Wagenpark, soweit noch vorhanden, war veraltet und heruntergekommen. Deutschland hatte seine Ostgebiete verloren, der Rest war in zwei Teile gespalten. Damit war auch die Einheit der »Reichsbahn« zerrissen. Im Westen bildete sich die Bundesrepublik mit der Deutschen Bundesbahn (DB), in Mitteldeutschland entstand die Deutsche Demokratische Republik, die an dem alten Namen Deutsche Reichsbahn (DR) festhielt.

In den Jahren und Jahrzehnten nach dem Krieg ging man so bald wie möglich daran, wiederaufzubauen. Nun wurden vor allem auch die Sicherungsanlagen verbessert und auf den Fernstrecken ausgebaut. Signale, die bisher durch Muskelkraft bewegt worden waren, wurden mehr und mehr auf elektrischen

So sahen bei Ende des Zweiten Weltkriegs die meisten wichtigeren Bahnhöfe vor allem in Westeuropa aus.

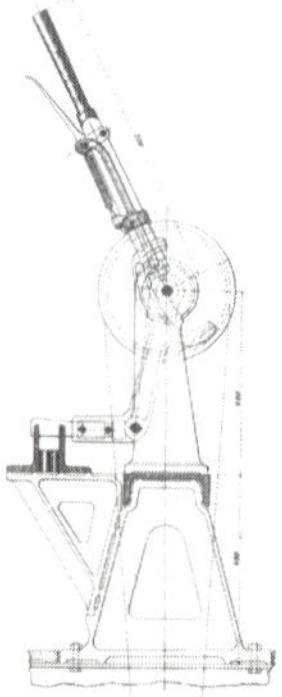

Betrieb umgestellt. Nur hier und dort kann man heute noch den »Handbetrieb« beobachten: Ein schwerer Hebel – siehe nebenstehendes Bild – wird betätigt. Der Hebelzug wirkt auf Drähte, die dann in oft größerer Entfernung Weiche oder Signal bewegen.

Von den rund 4500 (1980 waren es noch fast 6000) Stellwerken der Deutschen Bundesbahn sind darüber hinaus bereits über 1500 auf elektrischen Drucktastenbetrieb umgestellt. Eines dieser »Dr-Stellwerke« kann drei oder mehr der bisherigen Hebelstellwerke ersetzen. Sogar mehrere Bahnhöfe können von einer Stelle aus gesteuert und überwacht werden. In München wird der gesamte Zugbetrieb eines Netzes von 800 Kilometern mit Hilfe von Fernsehschirmen und Datensichtgeräten gelenkt. Lichtzeichen auf der Stelltafel des Gleisbildstellwerks lassen den Betriebszu-

Oben links: Zeichnung eines Hebelapparates für Zentralweichen von 1886. – *Daneben:* Mechanisches Hebelstellwerk aus den dreißiger Jahren.

Links: Etwa 30 Jahre später, um 1960: Drucktastenstellwerk mit Gleisbildstelltisch; durchs Fenster ist ein Teil des Münchner Hauptbahnhofs zu sehen.

Oben: Das Münchner Zentralstellwerk von außen. Im Vordergrund eine E-Lok Baureihe 111, im Hintergrund ein S-Bahn-Schnelltriebwagen der Baureihe 420. – *Unten links:* Elektrohydraulischer Weichenantrieb. – *Unten rechts:* Zusätzlicher Antrieb für besonders lange Weichenzungen und Prüfkontakt zur Überwachung der richtigen Weichenstellung.

Links oben: Eines der alten elektromechanischen Stellwerke. – *Links unten:* Außenansicht des neuen Zentralstell-

werks Stuttgart-Hauptbahnhof. *Oben:* Bedienungsraum mit Stelltafel für Personenbahnhof und S-Bahn im neuen Zentralstellwerk. Links im Hintergrund ist die Stelltafel für den Abstellbahnhof zu sehen. Aufnahmen von etwa 1978.

Lichtsignale im Nebel: Bremsen in Ordnung; Abfahrt über die Weichen langsam; dann freie Fahrt.

stand der Strecke genau erkennen: wie die Weichen gestellt sind, wie die Signale stehen, wo sich die einzelnen Züge befinden. Hier arbeiten Kontrollströme an Gleisen, Weichen und Signalen. Freie Fahrt kann es erst geben, wenn auch die letzte Möglichkeit einer Störung ausgeschaltet, wenn die »Fahrstraße« gesichert und durch Signale »gedeckt« ist. Automatischen Streckenblock nennt man das. Es gibt auch Achszählwerke, die kontrollieren, ob alle Wagen die überwachte Strecke durchfahren haben. So merkt man sofort, wenn sich ein Wagen selbständig gemacht hat und die Strecke blockiert, die eigentlich längst frei sein müßte. Kaum denkbar, daß das einmal vorkommt. Trotzdem wird auch die geringste Möglichkeit einer Gefahr nicht außer acht gelassen.

Wer einmal die Fahrt auf dem Führerstand einer Lokomotive mitmachen konnte, der wird verstehen, wie wichtig das Gefühl der Sicherheit auch für den Lokführer ist. Er muß absolutes Vertrauen haben können, daß alles in Ordnung ist, wenn er – nur zum Beispiel – in großer Geschwindigkeit das Schienen- und Weichengewirr eines Bahnhofs durchfährt.

Dabei wird auch der Lokführer ständig überwacht. Während der Fahrt muß er in regelmäßigen Abständen eine Drucktaste betätigen zum Zeichen, daß er »voll da« ist. Wenn er das einmal unterläßt, so leuchtet nach kurzer Zeit als Mahnung ein Lämpchen auf, und kurz danach ertönt ein Warnsignal. Wird die Taste – man bezeichnete sie früher als »Totmannknopf« – dann noch immer nicht betätigt, so erfolgt automatische Zwangsbremsung. Diese Einrichtung nennt man »Sicherheitsfahrschaltung« oder kurz »Sifa«.

Wenn ein Vorsignal Halt ankündigt, so muß der Mann im Führerstand eine »Wachsamkeitstaste« betätigen zum Zeichen, daß er das Signal zur Kenntnis genommen hat. Gleichzeitig beginnt er mit dem Bremsen des Zuges, denn die Strecke zum Hauptsignal ist schnell durchfahren. Betätigt er die Wachsamkeitstaste nicht – sei es, daß er durch irgend etwas abgelenkt war oder daß ihm schlecht geworden und er unfähig ist, die notwendigen Handgriffe auszuführen –, so ertönt ein Warnsignal, und der Zug wird automatisch bis zum Halt abgebremst. In Deutschland und in Österreich nennt man diese Einrichtung nach ihrer Wirkungsweise »Induktive Zugsicherung« oder kurz »Indusi«. In der Schweiz heißt das gleiche Verfahren »Signum«. Eigentlich war es schon um 1930 fertig ausgedacht und wurde auch schon 1932 bei 160-km/h-Schnelltriebwagen-Strecken erstmalig eingesetzt.

Über eine weitere wichtige Sicherheits-Einrichtung haben wir bereits im Kapitel »Signale und Blocksystem« gesprochen, über die Linienzugbeeinflussung (LZB), mit deren Hilfe der Lokführer laufend über das Geschehen auf der Strecke – vor allem die Signalstellungen auf den nächsten 5 Kilometern – unterrichtet wird.

Schließlich kann man von einer Zentrale aus mit dem Lokführer durch »Zugbahnfunk« (ZBF) auch telefonischen Kontakt aufnehmen oder verschlüsselte Anweisungen geben. Dieser Sprechverkehr ist eine zusätzliche Sicherung, falls einmal ein Signal ausfallen sollte oder sonst irgend etwas Außergewöhnliches auf der Strecke los ist. 1989 ist weit mehr als die Hälfte des Gesamtnetzes der DB mit ZBF ausgerüstet.

Trotz all dieser Sicherheitseinrichtungen passiert auch heute immer noch hier und da etwas. Das wird man nie ganz verhindern können, wenn unglückliche Umstände zusammentreffen, wenn Mensch und Technik gleichzeitig versagen. Aber trotz allem ist die Eisenbahn im Vergleich zu allen anderen Verkehrsmitteln – außer der Luftfahrt – das weitaus sicherste.

Der Zugbahnfunk ermöglicht Sprechverkehr zwischen Lok- oder Triebwagenführer und der Zugüberwachungsstelle.

Bahnhöfe

Ein Bahnhof – so erzählt das Lexikon – ist »eine Anlage zur Vermittlung des Personen- und Güterverkehrs. Er ist eine Betriebsstelle mit mindestens einer Weiche, wo Züge beginnen, enden, ausweichen oder wenden dürfen.« Je nach der Lage zu den Schienensträngen unterscheidet man Endbahnhöfe und Durchgangsbahnhöfe, Anschluß-, Trennungs-, Kreuzungs- und Turmbahnhöfe. Große Städte haben häufig Kopfbahnhöfe – man sagt auch Sackbahnhöfe –, bei denen die Gleise einfach aufhören, an einem Prellbock enden. Fährt der Zug wieder ab, so muß er den Bahnhof in einer Richtung verlassen, die der Einfahrtsrichtung entgegengesetzt ist. Erst weiter draußen fädelt er sich in die Gleise der neuen Richtung ein. Manch einer, der sich einen Fensterplatz in Fahrtrichtung gesichert hatte, hat sich deshalb schon ärgern müssen: Plötzlich fuhr er rückwärts!

Diese in vieler Hinsicht eigentlich unpraktischen Kopfbahnhöfe sind dadurch entstanden, daß es anfangs nur einzelne Strecken zwischen größeren Städten gab. Was lag näher, als die Endpunkte so nah wie möglich an die Städte heranzuholen? Kamen mehrere Strecken zusammen, so hatte meist jede ihren eigenen Bahnhof. 1850 gab es in Leipzig fünf Bahnhöfe, in Berlin sogar acht! Als dann die Einzelstrecken zu einem großen Netz zusammenwuchsen, war es meist zu spät, die Lage der Bahnhöfe noch zu verändern. Man hätte die Fortsetzung der Strecke mitten durch die oft schönen Stadtkerne mit ihren teuer gewordenen

Linke Seite oben: Die ersten Bahnhöfe waren meist recht einfach; bald aber entstanden auch liebevoll gestaltete Bauten wie der Bahnhof von Kulmbach (Aquarell von Karl Herrle etwa 1850). – *Linke Seite unten:* Lange Zeit war das Reisen für viele ein Abenteuer, wie das Gemälde des schwäbischen Bauern von Julius Fehr (um 1890) vermuten läßt.

Oben: »Nordwestbahnhof in Wien« wird das Gemälde von Karl Karger aus dem Jahr 1875 genannt. Tatsächlich dürfte es sich jedoch um den Südbahnhof handeln. – *Unten:* »Der Bahnhof« heißt das Bild von Hans Baluschek von 1904, und der Anhalter Bahnhof in Berlin könnte in etwa das Vorbild gewesen sein.

nen Baugründen führen müssen oder sie weiter hinausverlegen wie viel später zum Beispiel in Braunschweig oder Heidelberg.

Auch die Umgebungen der Bahnhöfe waren in den meisten Fällen schon bebaut worden. Die Bahnhofsvorplätze hatten sich zu Mittelpunkten des Verkehrs – Pferdebahn, Straßenbahn, Omnibus, Droschkenplätze – ausgebildet. Übrigens entstanden in dieser Zeit dort oft auch die ersten Kaufhäuser, die Vorfahren von Karstadt, Tietz, Woolworth, Kaufhof. Oft führte eine »Bahnhofstraße« geradewegs vollends ins Zentrum.

Das Auffallendste eines Bahnhofs ist das Empfangsgebäude und in ihm die Schalterhalle mit Fahrkartenschaltern und Verkaufsläden, mit Gepäckaufbewahrung, Wartesälen und Restaurants. Nach den allerersten kleinen und primitiven Holzbuden wurden die Gebäude schon bald sehr aufwendig angelegt.

Beim Siegeszug der Eisenbahn sollten die Bahnhöfe neben den bisherigen öffentlichen Gebäuden – Kirchen, Rathäuser – Mittelpunkte der Städte werden. Aber auch kleine Stationen hatten ihren eigenen Stil. Das Bildchen auf der Seite 108 unten soll ein Beispiel dafür zeigen.

Das Empfangsgebäude ist natürlich nur der hervorstechende Punkt eines großen Bahnhofs. Zu einer Bahnhofsanlage gehört sehr viel mehr. An das Gebäude anschließend folgen die Bahnsteige, oft mit riesigen Hallen überdacht wie zum Beispiel der Hamburger Dammtor-Bahnhof oder der von Stuttgart, den wir

→ *Seite 110*

Oben links: »Eisenbahnetablissement mit Umgebung« nennt das belehrende Buch von etwa 1870 diese Darstellung. Hier – gekürzt – die Erläuterung: 1,2 Vorplatz; 3,4 Personenhallen; 4 b Uhren- und Signalturm; 5 Verwaltung; 6 Gepäckausgabe; 7 Post; 8,9 Güterschuppen; 10 Aufenthalt f. Fahrpersonal; 11 Lokschuppen; 12, 13 Wagenschuppen; 14–16 Werkstätten; 17 Wasserspeicher; 18 Kohlen; 19 Ladeplatz für schwere Güter; 20 Speicher für Warmwasser, mit dem die Loks über Wasserkrane (21) gespeist werden, solange sie über dem Aschenloch (22) stehen, während zugleich der Tender vom Perron (23) bekohlt wird; 24 optische Telegraphen (Signale); 25 Warteraum; 26 Durchstich; 27 Bahndamm; 28 Viadukt; 29 Felseinschnitt; 30 Tunnel.

Links: »Die Arbeit auf dem Bahnhofe« war eine sehr personalaufwendige Sache. Zeichnung aus demselben Buch von etwa 1870.

Kopfbahnhof
einer Modellbahnanlage.

Der Wiener Südbahnhof
in einem Aquarell von etwa 1900.

BILLETS
RENSEIGNEMENTS INFORMATIONS
RESERVATION BILLETS SPECIAUX

MIDLAND CITY

Linke Seite oben: Der St.-Pancras-Bahnhof in London, ein typisches Beispiel der Bahnhofs-Baukunst des vorigen Jahrhunderts. – *Darunter links:* Empfangshalle des Pariser Bahnhofs Montparnasse um 1975. – *Daneben:* Romantischen Charme haben unzählige kleine Bahnhöfe in aller Welt wie diese Station im US-Staat Ohio.

Rechts: Paddington-Station, London, in den siebziger Jahren.

Unten: Fußgängergewühl während der Stoßzeit im Hamburger Hauptbahnhof zu derselben Zeit.

Der Stuttgarter Hauptbahnhof bei Tag ...

oben sehen. Weiter draußen folgt das Gewirr der Gleise. Hier werden die aus verschiedenen Richtungen kommenden Strecken zusammengefaßt und die täglich ankommenden Züge in die Bahnsteighalle geleitet. Noch weiter draußen erstrecken sich die Abstellgleise und Lokschuppen – das Bahnbetriebswerk für die tägliche Wartung von Lokomotiven, Triebwagen und dem ganzen Wagenpark. Moderne Waschanlagen »schaffen« täglich Hunderte von Wagen. Bremsen, Kupplungen, Puffer, Luftschläuche, elektrische Kabel, Scheinwerfer und Heizleitungen werden überprüft und wenn nötig instand gesetzt. Zur Zeit der Dampflokomotiven wurden hier die Wasser- und Kohlevorräte ergänzt und gleichzeitig Asche und Schlacke entfernt. An die hierfür notwendigen Betriebsanlagen sind die Tankstellen für Dieselloks getreten. Geblieben sind die Be-

sandungsanlagen, denn Sandstreueinrichtungen sind für alle Triebfahrzeuge erforderlich, z.B. bei Schnellbremsungen oder wenn beim Anfahren nasses Laub auf den Schienen liegt.

Für größere Reparaturen gibt es die Eisenbahnwerkstätten, das »Ausbesserungswerk«. Hier werden zum Beispiel Lokomotivräder mit neuen Stahlreifen versehen und andere abgenutzte Teile ausgebaut und erneuert. Nur diese ständige und sorgfältige Pflege macht es möglich, daß Bahnfahrzeuge auch bei täglicher Belastung in der Regel dreißig oder mehr Jahre ihren Dienst tun – Lokomotiven oft noch erheblich länger. Dazu kommt die ständige Prüfung und Wartung all der unzähligen Weichen, Signale, Uhren, Lampen und was sonst noch alles zum komplizierten Betrieb eines Bahnhofs gehört.

... und bei Nacht.

Oben und unten: Noch einmal Stuttgart Hauptbahnhof. Deutlich sind die beiden Tunneleingänge der S-Bahn zu sehen. In Minutenschnelle können die Fahrgäste ohne Parkplatzsorgen bequem die Innenstadt erreichen. *Rechte Seite:* München hat neben dem Ruhrgebiet, dem Rheinland, neben Hamburg, Frankfurt und Nürnberg ein weitverzweigtes S-Bahn-Netz. Schnell

Das Verkehrsmittel der Vernunft

Die Eisenbahn ist neben dem Flugzeug mit Abstand das sicherste Verkehrsmittel und das vernünftigste. Denken wir doch einmal an einen Werktagmorgen: Berufsverkehr, Tausende von Autos fahren, wenn sie nicht im Stau stehen oder sich nur schrittweise vorwärts bewegen.

In jedem Fahrzeug sitzt ein Mensch – hier und da auch zwei oder mehr. 1,5 Personen sind es, höchstens, im Durchschnitt. Jedes Fahrzeug benötigt eine Menge Platz, säuft Benzin oder Dieselkraftstoff, verpestet die Luft und macht Lärm. Unfälle passieren, Tausende pro Tag, und viele Milliarden DM zahlen wir jedes Jahr über die Versicherungen dafür. Was durch die Staus an Zeitverlust und Produktionsausfall an Kosten entstehen, schlägt sich ebenfalls mit vielen Milliarden DM jährlich auf die Preise.

Noch mal: In einem Auto sitzen im Berufsverkehr durchschnittlich 1,5 Personen. Wenn nun 1500 Menschen mit dem Zug fahren, so bleiben 1000 Autos von

und ruckfrei rollen die Schnelltriebwagen der Baureihe 420 an und bremsen ebenso sanft. In 43 Sekunden können die ET-420-Wagen mit ihren 12 Motoren und ihren 3240 PS = (2400 kW) von Null auf 120 km/h beschleunigen. Ärger kann es im Winter geben, wenn durch frierendes Schmelzwasser die Türen streiken.

den Straßen weg – und diese 1000 Pkw würden eine Schlange von 10 Kilometer Länge ergeben.
Oder: Ein Güterzug ersetzt rund 60 Lastkraftwagen.
Oder: Eine zweigleisige Eisenbahnstrecke ist von Böschung zu Böschung etwa 14 Meter breit. Eine in beiden Richtungen zweispurige Autobahn benötigt 29 Meter, eine dreispurige über 37 Meter.
Oder: Ein Lkw verbraucht fast 9mal soviel Energie wie die Bahn und ein Pkw 3,5mal soviel. 87 Prozent des Energieverbrauchs schluckt die Straße, 7 Prozent der Luftverkehr, 4 Prozent die Bahn (und die restlichen 2 Prozent die Binnenschiffahrt).
Für 1985 zum Beispiel führt das Statistische Jahrbuch der Bundesrepublik Deutschland auf, daß bei Unfällen im Straßenverkehr 8400 Menschen getötet, 115533 schwer und 306562 leicht verletzt wurden. Bei der Bahn gab es im gleichen Zeitraum 219 Tote und 1229 Verletzte einschließlich derer, die sich das Leben nahmen oder nehmen wollten.
All diese Zahlen sollten nachdenklich machen...
Natürlich können wir nicht mir nichts dir nichts reumütig zur Bahn zurückkehren. Den Güterverkehr könnte sie bei weitem nicht schaffen. Das wird die Bahn nicht einmal können, wenn alle Strecken gebaut und alte modernisiert sind, wie das jetzt und in den nächsten Jahrzehnten geschieht. Auch gibt es viele Gebiete, in denen die Menschen auf Auto und Omnibus einfach angewiesen sind, zum Beispiel dort, wo Eisenbahnstrecken stillgelegt wurden.
Aber in den Großstädten und deren Nahbereich und auf den großen Fernstrecken bringt die Bahn heute ein Angebot, das zumindest im Personenverkehr viel besser genutzt werden könnte. Denn wenn die Bahn besser genutzt wird, dann könnte sie auch rentabler werden. Wenn die verrückte Situation aufhörte, daß auf den Straßen kilometerlange Autoschlangen stehen und halbleere Züge an ihnen vorbeifahren...
Die Eisenbahn ist keineswegs das romantische Überbleibsel einer vergangenen Zeit. In China entstehen zur Zeit pro Jahr 600 bis 800 Kilometer neue Strecken. Auch in Indien und Afrika wird viel gebaut und modernisiert. In der UdSSR wurde 1985 die 3100 Kilometer lange Baikal-Amur-Magistrale (BAM) vollendet, die Sibirien mit dem Fernen Osten verbindet.

Links: Seit 1976 wird an der 100-km-Neubaustrecke Mannheim–Stuttgart gebaut: Der Pfingstbergtunnel um 1979, einer von 15 Tunnels mit einer Gesamtlänge von 30 km.

Neue Bahn auf neuen Strecken

Im Jahr 1964 begann in Japan ein neues Zeitalter der Eisenbahn. Seit dieser Zeit fahren auf der damals neu gebauten 515 Kilometer langen Tokaido-Strecke Tokio–Osaka Hochgeschwindigkeitszüge mit bis zu 210 km/h. Japans Schnellverkehrsnetz ist inzwischen auf rund 3000 Kilometer Länge angewachsen.

In Europa war Frankreich das erste Land, das auf die Schienen-Schnellbahn setzte. Auf einer völlig neu angelegten Trasse – ohne einen einzigen Tunnel – fährt seit 1981 der TGV (Train a Grande Vitesse) Paris-Sud Est mit maximal 270 km/h, ab 1983 die ganze 420-Kilometer-Strecke Paris–Lyon. Wie schon in Japan war der wirtschaftliche Erfolg überzeugend. Nach kurzer Zeit stieg die Zahl der Reisenden enorm, die Passagierzahlen der Inlandflüge sanken, und ein großer Teil der TGV-Reisenden war vom eigenen Auto auf den neuen Zug umgestiegen, der schon 1985 viele Millionen Franc Gewinn machte.

Seither wird das Schnellverkehrsnetz ständig erweitert, und auf den neuen TGV-Atlantique-Strecken Paris–Le Mans (1989) und Paris–Tours wird ab 1990 bis 300 km/h gefahren. Mit dem im Bau befindlichen 50-Kilometer-Tunnel durch den Ärmelkanal wird eine Schnellverbindung nach England hergestellt, wo heute auf der Ausbaustrecke London–Glasgow der APT (Advanced Passenger Train) mit 250 km/h Spitze fährt. Diese Geschwindigkeit erzielt man auch in Italien auf der neugebauten Direttissima Rom-Florenz.

Die Bundesrepublik Deutschland ist weitaus dichter besiedelt als Frankreich. Deshalb bringen neue Strekken hier viel mehr Probleme als beim westlichen Nachbarn. Nicht zuletzt durch die jahrzehntelange einseitige Bevorzugung von Straßenbau und Autoverkehr war die Bahn ins Hintertreffen geraten. In ihrer Blütezeit um 1900 hatten die damaligen Länderbahnen 80 Prozent aller Leistungen im Güter- und Personenverkehr erbracht. In den letzten 30 Jahren ist der An-

In Japan sind bereits rund 3000 km Hochgeschwindigkeitsstrecken entstanden, auf denen bis zu 250 km/h gefahren wird.

Auch in Frankreich wächst seit 1981 das Netz der Schnellstrecken ständig, ebenso die Reisegeschwindigkeit: Train a Grande Vitesse – TGV.

Neubaustrecke Hannover–Würzburg: Aula-Talbrücke und Rollenbergtunnel, Teile von insgesamt etwa 30 km Brücken und 122 km Tunnel der 327-km-Gesamtstrecke.

teil der Deutschen Bundesbahn im Personenverkehr von 38 auf 7 Prozent und im Güterverkehr von 62 auf 28 Prozent gesunken.

1973 wurde mit dem Bau einer neuen, vom bisherigen Streckenverlauf weitgehend unabhängigen Strecke begonnen. Sie zieht sich fast genau in Nord-Süd-Richtung hin; von Hannover verläuft die neue 327-Kilometer-Bahn über Göttingen, Kassel, Fulda nach Würzburg. Mit zahlreichen Tunnels in einer Gesamtlänge

von 122 km sind 37 Prozent der Gesamtstrecke unterirdisch; der Landrückentunnel ist mit nahezu 11 Kilometer der längste. Hinzu kommen 82 Kilometer Einschnitte, zahlreiche Brücken von insgesamt 30 Kilometer Länge, Dammaufschüttungen, Stützbauwerke, Unter- und Überführungen (denn schienengleiche Übergänge gibt es keine).

Die aufwendige Bauweise ist nötig, weil die Strecke weitgehend durch bergiges Land führt und mit weiten Kurven und flachen Steigungen den 250-km/h-Verkehr ermöglichen muß. Im Gegensatz zum französischen TGV dient die Neubaustrecke auch dem Güterverkehr. Über Nacht erreichen die InterCargozüge noch schneller ihre Ziele als bisher.

Die zweite neue Trasse, 1976 begonnen, liegt zwischen Mannheim und Stuttgart. Die 100-Kilometer-Strecke hat neben vielem anderen Tunnels von etwa 30 Kilometer Gesamtlänge und 8 große Talbrücken. In Mannheim schwingt sich ein 1100 Meter langes Überführungsbauwerk über die Gleisanlagen des Güterbahnhofs. Nach Fertigstellung ist die Fahrzeit Mannheim-Stuttgart von 80 auf 39 Minuten verkürzt und auch hier die Leistungsfähigkeit des lebenswichtigen und straßenentlastenden Güterverkehrs erheblich gesteigert.

Freilich ist es bei beiden Neubaustrecken nicht die Natur der Landschaft allein, die so aufwendige Baumaßnahmen notwendig macht. Es ist auch das wache Umweltbewußtsein, das die Menschen zäh um jeden Rest gewachsener Natur ebenso kämpfen läßt wie um ihre Nachtruhe. (Daß bei den Baumaßnahmen – wie beim Straßen- und Autobahnbau – vielen ihre angestammte Heimstätte genommen oder zumindest verändert wird, darf man hier auch nicht vergessen.) So wurde mancher Tunnel und mancher Einschnitt größer, als es rein technisch sein müßte. Sehr viel Sorgfalt wird auch auf sinnvolle Neubepflanzung und Anlage von Biotopen gelegt.

Natürlich dürfen die beiden Neubaustrecken nicht als in sich abgeschlossene Teile gesehen werden. Sie stehen in sinnvoller Verbindung mit dem bereits vorhandenen Netz. So dient die Strecke Hannover–Würzburg der um zwei Stunden verkürzten Verbindung Hamburg–München oder Kopenhagen–Wien. Die Strecke Mannheim–Stuttgart bringt den Südwestraum näher an die Nordregion mit ihren Seehäfen. Dazu müssen viele der aus dem vorigen Jahrhundert stammenden Strecken ausgebaut werden, damit hier

»wenigstens« Geschwindigkeiten bis zu 200 km/h gefahren werden können. Man weitet Kurven, legt in Ballungsgebieten dritte oder vierte Gleise für den Vorortsverkehr. Damit sind Verbreiterungen verbunden, Aufschüttungen, neue Stützbauwerke, Unterführungen und Brücken anstelle von schienengleichen Übergängen, Schallschutzwälle und -wände, Bepflanzungen... LZB-Einrichtungen mit dem neuen Sichtgerät (siehe auch Seite 53), an den Neubaustrecken von vornherein vorhanden, kommen auch hier zum Einsatz.

Bis zum Jahr 2000 soll das Schnellfahrnetz für Tempo 200 bis 250 km/h in der Bundesrepublik Deutschland auf rund 2000 Kilometer anwachsen.

Der ICE, hier noch als fünfteiliger Experimentalzug 1988 bei Wiesenfeld im Abschnitt Fulda–Würzburg.

Neue Lok auf neuer Strecke: Lokomotive der Baureihe 120 vor einem InterCity südlich Fulda am 29.5.1988.

Schon heute fahren auf dem werdenden Schnellbahnnetz neue Züge. Über den lang eingeführten InterCity hinaus gibt es seit 1987 das neue Zugsystem EuroCity, das 200 Städte in 14 europäischen Ländern mit schnellen Zügen verbindet.

Im Inland werden ab 1988 die herkömmlichen D-Züge zunehmend durch InterRegiozüge ersetzt, die das IC-Netz ergänzen. Sie verbinden mittlere Zentren untereinander und mit dem IC-Netz. Auch diese Züge werden bis 200 km/h schnell sein und in festen Zeitabständen verkehren. Zum Einsatz kommen hier neu ausgestattete Reisezugwagen.

Doch was sind schnelle Schienenwege ohne die entsprechenden Triebfahrzeuge?

Ein alter Wunschtraum der Eisenbahner ist in Erfüllung gegangen: die Universallokomotive, die »alles« kann. Stark muß sie sein, sehr schnell, sparsam und leicht zu warten. Vor einen schweren Güterzug muß man sie genauso spannen können wie vor einen EuroCity oder einen Vorortszug. Mit der Baureihe 120 der DB hat sich dieser Traum erfüllt. In der neuen Lokomotive wird Wechselstrom in Drehstrom verwandelt, und die Elektronik macht es möglich, damit Motoren zu betreiben. Drehstrommotoren haben nämlich gegenüber dem bisher üblichen Wechselstromantrieb erhebliche Vorteile: Sie sind bedeutend kleiner und leichter, und sie brauchen wenig gewartet zu werden, weil der Verschleiß gleich Null ist. Früher hätte die Stromumwandlung einen gewaltigen Aufwand an Schaltelementen nötig gemacht. Heute ist es mit Hilfe der Elektronik sogar möglich geworden, einen Teil der durch das elektrische Bremsen erzeugten Energie ins Netz zurückzuspeisen.

Die ersten Überlegungen reichten bis in die sechziger Jahre zurück, in denen die Halbleitertechnik aus den Kinderschuhen heraus war. Nach vieljähriger Entwicklungszeit wurde die neue Baureihe ab 1979 erprobt. Im Frankenwald schaffte sie Unmögliches: das Anfahren an einer Steilstrecke mit einem 785-Tonnen-Zug – bei nassen Schienen noch dazu. In der Schweiz hat die Sparsame bei der Abfahrt vom Lötschberg über 20 Prozent Strom »zurückgegeben«, und 1984 erreichte die 120 mit einem Fünfwagenzug die Rekordgeschwindigkeit für Drehstromloks von 265 km/h.

Seit 1987 erscheint das Wunderwerk in Serie. Mit der Zeit sollen die 5600-Kilowatt-Loks (4120 PS) alle derzeit im Reise- und Güterverkehr eingesetzten E-Loks ersetzen. Dank der größeren Reichweite wird man insgesamt sogar weniger brauchen.

Unter dem Wahlspruch »Doppelt so schnell wie das Auto, halb so schnell wie das Flugzeug« spielt die Deutsche Bundesbahn gegen diese beiden Konkurrenten einen besonderen Trumpf aus: den InterCity Expreß, den ICE. Er ist hervorgegangen aus dem InterCity Experimental und wird nicht zufällig genauso abgekürzt wie dieser: ICE. Der IC Expreß vor allem wird auf den Neubaustrecken eingesetzt, und zwar mit Spitze bis 250 km/h und mehr. Schon am 1. Mai 1988 fuhr ein vierteiliger Experimental-Zug den derzeitigen Weltrekord für Schienenfahrzeuge mit 406,9 km/h, den seit 1981 ein französischer TGV-Zug mit 380 km/h gehalten hatte.

Der ICE ist ein Schnelltriebwagenzug, ganauer gesagt ein Triebkopfzug, denn die beiden 4800-Kilowatt-Antriebsanlagen (das sind jeweils 6530 PS) sind mit ihren je vier Motoren in den Triebköpfen untergebracht. Wie die Baureihe 120 werden sie mit Drehstrom angetrieben. Auch hier wird ein Teil der beim Bremsen aufgewendeten Energie zurückgewonnen.

Die Gestalt der Fahrzeuge ist flugzeugähnlich, windschlüpfig-stromlinienförmig, im Windkanal getestet, bremsende Luftwirbel werden weitgehend vermieden. Die Fahrzeuge – zwischen den Triebköpfen können bis zu 14 Zwischenwagen fahren – sind druckertüchtigt gegen Luftdruckschwankungen bei Tunnels und begegnenden Zügen. Deshalb lassen sich natürlich die dreifach verglasten Fenster nicht öffnen. Dafür gibt es überall Klimaanlagen.

Auch die Innenausstattung ist flugzeugähnlich, aber großzügiger als im Flugzeug. Die gepolsterten Sitze bieten deutlich mehr Platz, und Platz gibt es auch zum Vertreten der Füße. Neben Großabteilen mit ihren Sitzreihen finden sich Abteile, wo man mehr für sich sein kann, zum Video anschauen oder Besprechungen abhalten. Natürlich gibt es auch einen Servicewagen mit Küche, Restaurant und einfachem »Bistro«. Toiletten- und Küchenabwässer werden in Abwasserbehälter befördert, die man dann an den Endbahnhöfen absaugt.

Die neuen Züge haben gegenüber dem Binnenland-Flugverkehr viele Vorteile. Rechnet man die oft zeitraubende An- und Abfahrt zu den Flughäfen und Verspätungen wegen des häufig überfüllten Luftraumes hinzu, so ist bestimmt der oft besser dran, der im flugzeugähnlichen ICE gleich mitten in der Stadt startet und »landet«. Hierzu ist es auch erforderlich, daß die Schnellverkehrssysteme der einzelnen Länder eine Einheit werden, wie das mit dem Kanaltunnel zwischen Frankreich und England geschehen dürfte. Im Rahmen der immer mehr zusammenwachsenden Europäischen Gemeinschaft sollte das ja eigentlich auch gar nicht anders möglich sein. So kann man heute schon absehen, daß eines Tages auch Dänemark und Skandinavien durch einen Meerestunnel verbunden sind und die Alpen großräumig untertunnelt. Dann wird man eines Tages mit 300 km/h von Stockholm bis Madrid und von Edinburgh bis nach Istanbul oder gar nach Moskau fahren können...

Mit der Zeit soll die neue Universal-Drehstromlok 120 alle anderen E-Loks vor Schnellzügen wie vor Güter- und Nahverkehrszügen ersetzen.

Stichwörterverzeichnis

Folgende Seiten:
Führerstand der Universallokomotive Baureihe 120 – in der Mitte die vertikal angeordnete Anzeige des LZB-Gerätes.

Kleiner Literaturquerschnitt

Atlas der Eisenbahnen des Deutschen Reiches, Oesterreich-Ungarns, Belgiens, der Niederlande, Italiens und der Schweiz. Nachdruck der Ausgabe von 1886, Mainz 1983

Bahnakzente, Informationsschriftenreihe der DB (monatlich)

Berghaus, Erwin: Auf den Schienen der Erde, München 1960

Blickpunkt, Zeitung der Deutschen Bundesbahn (monatlich)

Born, Erhard: Lokomotiven und Wagen der deutschen Eisenbahnen. Mainz/Heidelberg 1967

Brockhaus, Der Große. 20 Bde. Leipzig 1928/34; 12 Bde. Wiesbaden 1952/57 und 1977/81

Dampflokomotiven in Glasers Annalen 1877–1967, 8 Bde. (Faksimile), Hrsg. von K.R. Repetzki. Moers 1983–1985

Die Eisenbahn, Gedichte · Prosa · Bilder. Hrsg. von Wolfgang Minaty. Frankfurt 1984

Diesellokomotiven und Triebwagen in Glasers Annalen 1895–1953, 2 Bde. Hrsg. von K.R. Repetzki (Faksimile). Moers 1989

Eisenbahn-Jahrbuch. Berlin Ost (jährlich).

Eisenbahnwagen in Originaldokumenten, 3 Bde. 1847–1943. Moers 1987

Friedrich, Hans-Peter; Ulrich Schefold: Die Eisenbahn von A–Z, München 1983, 2. Aufl. 1985

Fünf Jahrhunderte Bahntechnik. Hrsg. von Horst Weigelt, Darmstadt 1986

Glaser, Hermann; Norbert Neudecker: Die deutsche Eisenbahn, Bilder aus ihrer Geschichte. München 1984

Greggio, L.: Lexikon der Dampflokomotiven. München 1979, 1985

Hartung, Karlheinz. 1835–1985. Daten und Fakten aus 150 Jahren Eisenbahngeschichte. Düsseldorf 1985

Hilberg, Raul: Sonderzüge nach Auschwitz. Mainz 1981

Hobbylexikon Eisenbahn. Reinbek 1980

Hundert Jahre deutsche Eisenbahnen. Jubiläumsband. Nachdruck der Ausgabe von 1935. München 1985

Hundert Jahre elektrische Eisenbahn 1879–1979. Starnberg 1979

Jahrbuch des Eisenbahnwesens. Darmstadt (jährlich)

Jahrbuch für Eisenbahnliteratur. Mainz (jährlich)

Lexikon der Eisenbahn. 6. Aufl. Berlin Ost. 1981

Lexikon Erfinder und Erfindungen – Eisenbahn. Heidelberg 1986

Lexikon für Eisenbahnfreunde. Luzern/Frankfurt 1977

List, Friedrich: Über ein sächsisches Eisenbahnsystem... Nachdruck der Ausgabe von 1833 (Reclams UB 3669). Mainz 1985

Maedel, K.E.: Das Eisenbahnjahrhundert. Stuttgart 1974

Martin, Gunter; Alfred Niel: Du Dampfroß mit rauchendem Schlote. Wien 1975

Meissner, Hans-Otto: Erster Klasse in den Wilden Westen. München 1987

Meyers Konversationslexikon, Leipzig/Wien ab 1894 bzw. 1906

Niel, Alfred: Vom Dampfroß zur E-Lok. Die Eisenbahn in Österreich. Graz 1987

Püschel, Bernhard: Historische Eisenbahnkatastrophen. Freiburg 1977

Rehbein: Zu Wasser und zu Lande. Geschichte des Verkehrswesens von den Anfängen bis zum Ende des 19. Jahrhunderts. München 1984

Rossberg, Ralf Roman: Geschichte der Eisenbahn. Aktual. Neuauflage. Künzelsau 1984

Schadendorf, W.: Das Jahrhundert der Eisenbahn. München 1965

Schefold, Ulrich: 150 Jahre Eisenbahn in Deutschland. München 1985, 4. Aufl. 1986

– 150 Jahre Eisenbahn in Österreich. München, 1. u. 2. Aufl. 1985

– Mein erstes Buch der Eisenbahn. München 1980

– Die Eisenbahn von A–Z, siehe Friedrich, Hans-Peter; Ulrich Schefold

Schievelbusch, Wolfgang: Geschichte der Eisenbahnreise. München 1977

Stichwort Eisenbahn: Über hundert Jahre Eisenbahngeschichte im Spiegel eines berühmten Lexikons. Wiesbaden 1985

Stockklausner, H.K.: 50 Jahre Diesellokomotiven. Basel/Stuttgart 1963

Stöckl/Holle/Wolters: Vom »Adler« zum »TEE«. Eisenbahnen in Deutschland. Bonn 1971

Stumpf, Bertold: Geschichte der deutschen Eisenbahnen. Mainz/Heidelberg 1960

Temming, Rolf L.: Illustrierte Geschichte der Eisenbahn. Herrsching 1976

Walz, Werner: Erlebnis Eisenbahn. Stuttgart 1983

Weber, Max Maria: Schule des Eisenbahnwesens. Faksimile-Nachdruck der Ausgabe von 1885. Schrobenhausen 1981

Wege in die Zukunft. Neubau- und Ausbaustrecken der Deutschen Bundesbahn. Darmstadt 1987

Zöllner, Mothes, Luckenbacher: Einführung in die Geschichte der Erfindungen. Erster Band. Leipzig/Berlin 1876

Zug der Zeit – Zeit der Züge. Deutsche Eisenbahn 1835–1985, 2 Bde. Berlin West 1985

Bildnachweis

AEG-Telefunken, Berlin: 89, 90 oben – Anderson, W.J.V.: 0/1, 47 oben, 56/57, 69, 70, 81, 96 oben – Archiv der Eisenbahnergewerkschaft Wien: 42 (2), 107 unten – Archiv für Kunst und Geschichte, Berlin: 39 unten – Bastin, R.: 47 unten – BBC Mannheim: 90 unten – Bellwood, F.J.: 26 – Bern-Lötschberg-Simplon-Bahn: 45 Mitte – Bilfinger + Berger Bau AG, Mannheim: 116 (2) – British National Railway Museum: 25 unten, 51 unten, 59 rechts (3), 68 oben – Canestrari, Guido (Mondadori): 13 oben, 14, 20 oben, 24 unten, 82/83 – Cooper Bridgeman Library: 17, 21 unten, 22/23, 33 oben (3), 46 – Deutsche Bundesbahn: 52 unten, 117, hinteres Vorsatz – Fleischmann, Nürnberg: 8/9, 50 oben (2), 77 unten, 107 oben – F.P.G. (Bill Patterson): 108 unten rechts – Friedrich, Hans-Peter, München: 27, 55 rechts, 93 – Gammel, C.T.: 10, 109 oben – Hanseatische Luftfoto GmbH, Hamburg: 74 oben (LA Hamburg 1783/77) – Historisches Museum Basel: 43 (2) – Imperial War Museum London: 97 unten – Japan. Generalkonsulat München: 115 oben – Jenkinson, D.: 28 links oben, 64 oben – Krauss-Maffei, München: 2/3, 99 oben – La Vie du Rail: 28 unten, 57 links – London Transport: 21 oben – Mansell Collection: 15 – Märklin, Göppingen: 9 unten – Mehltretter, J. Michael: 6/7 – Musée National des Techniques, Paris: 12 oben, 77 oben – Museum of Art, New York: 36/37 – Nock, O.S.: 64 unten – Octopus Books, London: 28 rechts oben (2) – Österreichische Bundesbahn: 32 unten, 48, 49 – Österreichische Galerie Wien: 105 oben – Photo Center, Braunschweig: 85 unten – Rossberg, Ralf Roman, München: 52 oben – Schweizer Bundesbahnen: 44 unten, 45 oben – Science Museum London: 13 unten, 24 oben, 29 (2) – Schuster, R., Frankfurt: 53, 102, 115 (Explorer), 119 (Kiene) – Siemens AG, München: 87 unten, 98 unten – Siwik, Hans H., Oberursel: 31, 62/63, 65, 71, 72, 73, 74/75, 76, 91, 103, 114 – SNCF/Französische Staatsbahn: 77 oben, 79 oben, 108 unten links – Stadtmuseum München: 26 unten – Standard Electric Lorenz AG, Stuttgart: 30 unten, 80 links (2), 99 unten (2), 100 (2), 100/101, 110, 111, 112 (2), 113 – Statens Museum Kopenhagen: 60 unten – Stephenson, Brian: 4/5, 45 unten, 63 (2), 84/85, 94/95 – Süddeutscher Verlag, Bilderdienst, München: 78 (3) – Technisches Museum für Industrie und Gewerbe mit Österr. Eisenbahnmuseum, Wien: 33 unten, 58 (2) – Telefon und Normalzeit, Frankfurt/Main: 109 unten – Thyssen-Henschel, Kassel: 85 oben – Verkehrsmuseum Mühlhausen: 61 unten, 94 oben, 104 (2), 105 unten – Verkehrsmuseum Nürnberg: 18/19, 41 oben, 60 oben – Wagner, Georg, Hünxe: Einbandvorderseite, 66/67, 86 unten, 118 – Watters, Patrick: 108 oben – Wieser, Herbert, München: 80 (4) – Alle nicht einzeln erwähnten Bilder und Zeichnungen entstammen den Archiven des Verfassers und des Verlages.

Störung
kV
Fahrdraht-Spannung
A
Zug-Nr
Auftrag
Meldung
Start
Test
Quitt
Anm
Vorm
Lösch
Auf
Fahrt
Ab